Hans-Martin Kirn

LUDWIG HOFACKER

Hans-Martin Kirn

LUDWIG HOFACKER
1798–1828

Reformatorische Predigt und
Erweckungsbewegung

Ernst Franz Verlag Metzingen/Württ.

CIP-Titelaufnahme der Deutschen Bibliothek

Hans-Martin Kirn:
Reformatorische Predigt und
Erweckungsbewegung: Ludwig Hofacker (1798-1828) / Hans-Martin
Kirn / Metzingen: Franz-Verlag, 1999
ISBN 3-7722-0390-6

Umschlaggestaltung: Atelier Arnold, Dettingen
Herstellung: Heinzelmann Druck-Service, Metzingen
Printed in Germany

INHALTSVERZEICHNIS

Ludwig Hofacker – zentrale Gestalt der
    württembergischen Erweckungsbewegung 7
Wirkungskreis 11
Ludwig Hofacker als Prediger 13
Prägende Erfahrungen 14
Ludwig Hofacker – erster Hörer seiner Predigten 16
Gott und die Seele – die Seele und Gott 20
Die »fremde Gerechtigkeit« – das lutherische Erbe 22
»Durch seine Wunden sind wir geheilt ...« –
    Nikolaus Ludwig Graf von Zinzendorf und Herrnhut. 24
Kreuzesmeditation 29
Opfertheologie 32
Glaube und Gefühl 36
»Seele, bist du bekehrt?« 37
»Warum ist das Licht gegeben dem Mühseligen ...« –
    Sterben und Tod 42
Die Volkskirche –
    Gemeinschaft der Heiden statt der Heiligen? 44
Die Frist 47
Wider den Optimismus 48
Erweckung des Herzens – ohne Verstand? 55
Zusammenfassung 57
Hofacker und Herrnhut: zwei Briefe
    I. Brief 59
    II. Brief 67
Anmerkungen 77
Quellen und Literatur 89

LUDWIG HOFACKER –
ZENTRALE GESTALT DER WÜRTTEMBERGISCHEN
ERWECKUNGSBEWEGUNG

Als Prediger ist Ludwig Hofacker schon zu Lebzeiten umstritten gewesen.[1] Zeitgenossen und Historiker schwanken bis heute im Urteil: Den einen gilt er als einer der größten, wenn nicht gar als größter Prediger (Alt-)Württembergs in reformatorischer Tradition, die anderen halten ihn für einen geistig eher anspruchslosen Volksredner mit der für die neueren Erweckungsbewegungen typisch einseitigen Botschaft von Buße und Bekehrung.[2]

Beide Sichtweisen treffen etwas Richtiges und geben zugleich Auskunft über eine Schwierigkeit: Das Verhältnis der verschiedenen Erweckungsbewegungen und speziell der württembergischen zum reformatorischen und älteren pietistischen Erbe ist nicht einfach zu bestimmen. Welche Verbindungslinien bestehen? Welche Neuansätze lassen sich beobachten?

Unbestritten ist, daß Ludwig Hofacker *die* zentrale Gestalt der württembergischen Erweckungsbewegung in den zwanziger Jahren des vorigen Jahrhunderts war. Tausende, meist einfache Leute, von weither zu Fuß herbeigekommen, drängten sich in der Stuttgarter Leonhardskirche zu den Gottesdiensten. An die Fenster wurden zuweilen von außen noch Leitern angestellt, ein zweifellos Aufsehen erregendes Phänomen. Dabei gehört es zum *kirchlichen* Charakter der württembergischen Erweckungsbewegung, daß die Menschen in die Kirche und in den Gottesdienst kamen und daß die tragenden Gestalten überwiegend junge Vikare und Pfarrer und nicht Laien gewesen sind.

7

So darf Ludwig Hofacker auch nicht isoliert betrachtet werden. Vielmehr ist das »Phänomen Hofacker« in Verbindung mit dem Freundeskreis zu sehen, der seit 1823 durch eine in Umlauf gegebene vertrauliche Korrespondenz zur gegenseitigen Stärkung im Glauben verbunden war und später zum Teil in kirchlich und politisch einflußreiche Ämter gelangte. Erinnert sei hier nur an zwei später prominent gewordene Mitglieder dieses Freundeskreises: an Albert Knapp (1798-1864), den Liederdichter und späteren Verfasser der verbreiteten Lebensgeschichte Hofackers, sowie an Christian Gottlob Barth (1799-1862), der nicht zuletzt als Jugendbuchautor und Gründer des Calwer Verlagsvereins hervorgetreten ist.[3] Vor allem Albert Knapp (1798-1864) hat durch seine Biographie mit dazu beigetragen, Hofackers Ruf als hervorragenden Prediger zu festigen, stellt er ihn doch in eine Reihe mit dem Stuttgarter Hofprediger Johann Reinhard Hedinger (1646-1704) aus der Frühzeit des Pietismus in Württemberg und mit Georg Konrad Rieger (1687-1743), dem Altersgenossen Johann Albrecht Bengels (1687-1752).[4] Rieger, der zeitweilig ebenfalls an der Stuttgarter Leonhardskirche wirkte, hat über seine gedruckten Predigten frühen Einfluß auf Hofacker genommen. Auch wenn dieser weit weniger als jener auf lehrmäßig-gedankliche Durchdringung der Predigten achtete, so weist Riegers betont pietistische Innerlichkeit doch schon in Hofackers Richtung: auf eine »mehr sinnige als scharfsinnige« und »mehr eindringliche als eingehende« Predigtweise, wie ein Beobachter am Ende des 19. Jahrhunderts meinte.[5]

So bedeutsam die inspirierende und prägende Kraft des älteren württembergischen Pietismus für die junge Erweckungsbewegung auch war: Sie selbst ist Kind einer neuen Zeit. Im Hintergrund stehen die religiösen Aufbrüche nach den Befreiungskriegen der napoleonischen Ära, die Enttäuschung über das Ausbleiben einer umfassenden christlichen Neuorientierung der Bevölkerung wie der langsame Prozeß gesellschaftlicher Veränderung im Widerstreit zwischen beharrenden und vorwärtstreibenden Kräften in Politik und Wirtschaft. Württemberg hat 1816/1817 mit schweren Hungerjahren zu kämpfen. Zur wirtschaftlichen Not kommt die Gewissensnot, die verschiedene pietistische Kreise gegenüber einer streng auf kirchliche Rechtgläubigkeit pochenden Obrigkeit empfinden; nicht wenige wandern nach Rußland und Amerika aus.[6] Die zwanziger Jahre bleiben trotz wegweisender Reformen für die Mehrzahl der Menschen schwere, von Hunger und Elend bestimmte Jahre. Der inneren Orientierungsnot breiterer Kreise kam die erweckliche Predigt offenbar besonders entgegen.[7]

Ebenso gehört die württembergische Erweckungsbewegung mit ihrer Eigenart in den weiteren Zusammenhang ähnlicher Erscheinungen in anderen Teilen Deutschlands, Europas und Nordamerikas. Dies hat dazu angeregt, Hofacker mit wortgewaltigen Predigern wie George Whitefield (1714-1770), Mitarbeiter John Wesleys (1703-1791) in der methodistischen Erweckungsbewegung des 18. Jahrhunderts in England und Nordamerika, zu vergleichen.[8] Trotz verbindender Elemente in der erwecklichen Verkündigung und in der Kritik an der angestammten Kirchlichkeit ist der Gesamtrahmen der zwanziger Jahre des 19. Jahrhunderts ein anderer: Die württembergische Erweckungsbewegung bleibt aufs Ganze gesehen eher konservativ geprägt und enger mit den überkommenen kirchlichen Strukturen verwoben.

So zeigen sich verwandte Züge zu Ludwig Hofacker auch am ehesten bei deutschen Erweckungspredigern wie dem Bremer Friedrich Ludwig Mallet (1792-1865), die schon dem jüngeren Bruder Wilhelm (1805-1848) auf seiner Bildungsreise 1829 auffielen.[9] Manche Verbindungen lassen sich zur frühen bayerischen Erweckung wie zur niederrheinischen Erweckungsbewegung aufzeigen, auch angelsächsischer Einfluß bleibt erkennbar. Die württembergische Erweckungsbewegung behält jedoch gegenüber den Aufbrüchen in anderen Ländern und Gegenden ihr eigenes Profil. Ludwig Hofackers missionarisches Drängen auf Buße und Bekehrung unterscheidet sich beispielsweise ganz und gar von der erbaulichen Predigtweise des reformierten Gottfried Daniel Krummacher (1774-1837), der zentralen Figur der Erweckungsbewegung am Niederrhein; hinzu kommen theologische Differenzen.[10] Dennoch entsteht ein übergreifendes Bewußtsein der Zusammengehörigkeit, das durch Korrespondenzen und persönliche Kontakte gefestigt wird. So zeigt sich Wilhelm Hofacker früh von Krummachers Predigtweise und ihrem »biblischen Realismus« begeistert, während im Freundeskreis des Bruders Ludwig durch Christian Gottlob Barth unverhohlen Kritik an Krummachers »steifer Orthodoxie« geübt wird.[11] Umgekehrt lobt der Neffe Gottfried Daniels, Friedrich Wilhelm Krummacher (1796-1868), der Hofacker noch am Sterbebett besucht hat, diesen als mächtigsten Prediger im Schwabenland.[12] *Ein* Hauptanliegen verbindet die verschiedenen Richtungen mit dem älteren Pietismus: die biblisch-reformatorische Erneuerung des Christentums vom gläubigen Individuum und seiner Alltagserfahrung her. Mit Hofackers Worten: »Wer ... kein Christ ist hinter dem Pfluge, der ist auch kein Christ in der Kirche, denn das Christentum ist nicht ein Rock, den man nach Belieben aus- und anziehen kann.«[13]

WIRKUNGSKREIS

Ludwig Hofackers direkter Wirkungskreis ist bekanntermaßen eng umgrenzt geblieben. Die wichtigsten Stationen des am 15. April 1798 in Wildbad/Schwarzwald als Sohn des Pfarrers Karl Friedrich Hofacker (1758-1824) und seiner Frau Friederike geb. Klemm (1770-1827) geborenen Ludwig seien nur angedeutet: Nach dem Theologiestudium in Tübingen, wo er dem Evangelischen Stift angehört, und der ersten theologischen Dienstprüfung 1820 ist er bis Februar 1821 als Vikar in Stetten/Rems und Plieningen bei Stuttgart tätig und legt das zweite theologische Examen ab. Anfang 1823 wird Hofacker nach einer längeren Krankheitsphase Vikar bei seinem Vater, dem Stuttgarter Amtsdekan, an der Leonhardskirche. Nach dem Tod des Vaters übernimmt er 1825 für kurze Zeit die Funktion eines Pfarrverwesers, erneut von seiner Krankheit geplagt. 1826 muß er nach Rielingshausen bei Marbach/Neckar wechseln, wo er bis zu seinem Tod am 18. November 1828 seine erste und letzte Pfarrstelle versieht. Gerade dreißig Jahre alt ist Ludwig Hofacker geworden – kaum fünf Jahre älter als der nur wenig jüngere, ganz anders geartete berühmte Zeitgenosse, der Dichter Wilhelm Hauff (1802-1827).
Erst mit dem Tode Hofackers beginnt seine überregionale Wirksamkeit. Die vor allem als Konzepte und Nachschriften überlieferten Predigten werden in vielfachen Auflagen und verschiedenen Ausgaben verbreitet. »Der Hofacker« wird zum meistgelesenen Erbauungsbuch des 19. Jahrhunderts in Württemberg und in viele europäische Sprachen übersetzt.[14] Vieles spricht dafür, daß die Herrnhuter Diasporaarbeit wie die Basler Christentumsgesellschaft mit ihren zahlreichen

11

Zweigvereinen eine wichtige Rolle bei der Verbreitung gespielt haben.[15] Demgegenüber sind die neueren Predigtausgaben dieses Jahrhunderts – inzwischen erschien die 52. Auflage – nur ein schwacher Nachklang.[16]

LUDWIG HOFACKER ALS PREDIGER

Was kennzeichnet Hofacker als Prediger? Ganz gewiß ein
rhetorisches »Naturtalent«, das sich vom traditionellen, auf
detailgenaue Argumentation angelegten analytischen Predigt-
schema »Bibelauslegung« und »Anwendung« befreit und den
Hörer in ein stetes Wechselgespräch von existentieller Situation vor Gott und Text verwickelt.[17] Dabei spielt, typisch für
die erweckliche Predigt, die rhetorische Dramatisierung eine
wichtige Rolle. »Sprung« und »Wagnis« werden zu Leitkate-
gorien. Der Prediger verlangt den Hörern eine (Glaubens-)
Entscheidung ab. Dies wird einmal durch die inhaltliche *Re-
duzierung* auf einige wenige Grundgedanken wie Buße und
Glaube, sodann durch eine emotionale *Intensivierung* der
Vorstellungsgehalte von Gericht und Gnade erreicht. Wichtig
für Hofackers außerordentliche Wirkung ist, daß er sich
kaum erlernter Stilformen bedient, sondern anhand des Bi-
beltextes in einfacher Sprache seine eigene Biographie auslegt
– was einerseits der Direktheit der Anrede zugute kommt,
andererseits aber auch eine gewisse Beliebigkeit im Umgang
mit dem Text befördert. So bleibt ein Zwiespalt, den schon
der jüngere Bruder Wilhelm trotz aller Hochachtung emp-
fand, wenn er im Rückblick schreibt: »Auch die Predigten
meines sel[igen] Louis waren sehr spannend für mich, wie-
wohl mein Verstand, der das Exalti[e]rte fürchtete und mit
einem geheimen Bangen davor sich zurückzog, viel dagegen
einzuwenden hatte.«[18]

PRÄGENDE ERFAHRUNGEN

Zwei Erfahrungen prägen Hofacker und damit sein Predigen: seine Bekehrung und seine Krankheit. Am Anfang steht der Bekehrungsentschluß, den Hofacker noch während des Studiums im Herbst 1818 faßt. Das Ergebnis ist wenig befriedigend für ihn. Es kommt zwar gelegentlich zu einem »Durchbruch« der Gnadenerfahrung, aber zu keiner beständigen Glaubensgewißheit.[19]
Hofackers Bekehrung war kein methodisch abgesichertes Ergebnis eines Bußkampfes, wie er im Hallischen Pietismus Tradition hatte. Sie erweist sich vielmehr als ein schwieriger Prozeß, der aus dem frühen Entschluß ein Widerfahrnis der Gnade macht: Das eigene »gesetzliche« Suchen und Ringen wandelt sich mit dem Beginn seiner Krankheit im August 1820 zur Erkenntnis der freien Christusgnade, ein besonders für die herrnhutische Frömmigkeit charakteristischer Zug.
Auch mit dieser »Wende« ist die Bekehrung nicht abgeschlossen. Das Thema von Bekehrung und Wiedergeburt bleibt eine Quelle steten Fragens und Zweifelns über den eigenen Gnadenstand, und dies aufgrund der Erfahrung von sich stets widerstreitenden Kräften im eigenen Innern. Noch gegen sein Lebensende kann Hofacker sagen: »Ach Herr, zieh' an mir, und überwinde mich trotz allem Sträuben, bis ich geboren bin!«[20]
Die schwere psychisch-physische Erkrankung, dieses sogenannte Nervenfieber, das Hofacker seit einem Sturz mit Kopfverletzung im August 1820 in der Spätphase seines Tübinger Studiums plagt, prägt Hofackers Selbst- und Weltwahrnehmung. Er wird immer wieder über längere Zeit arbeitsunfähig und in lähmende Tatenlosigkeit versetzt. Auch

Kuren helfen nicht.[21] Gerade die Erfahrung, dieser Krankheit trotz flehentlicher Gebete um Genesung unentrinnbar ausgeliefert zu sein und schwere Angstzustände durchleiden zu müssen, führt zur Vertiefung seines Glaubens an die freie, niemandem geschuldete, aber gerade ihm und so auch jedem aus Liebe angebotene Gnade Gottes. Auch wird die Bedeutung, die dem Thema des Ausruhens (der Seele) und der Ergebung in den Gotteswillen auf der Kanzel zukommt, von hier aus verständlich.

Zur eigenen Krankheit kommen weitere Belastungen: Man denke an das persönliche Umfeld, das Schicksal des Bruders Maximilian (»Max«, 1801-1869). Diesem verdankte Ludwig wichtige Anstöße zu seinem Bekehrungsentschluß; doch der auch religiös überaus sensible Max wird geisteskrank.[22] Er leidet wohl an Schizophrenie. Ludwig sieht ihn – typisch für die verbreitete Hilflosigkeit gegenüber psychischen Erkrankungen – in des Teufels Gewalt, von diesem »in die Ketten seiner eigenen Gedanken« gelegt.[23] Mit diesem Bruder in einer Hausgemeinschaft zu leben wird neben der eigenen unheilbaren Krankheit zu einer großen Last, die als Gottesgericht erfahren wird und nur als »Schule des Leidens« in der Christusnachfolge erträglich erscheint.[24]

Ludwig Hofacker –
erster Hörer seiner Predigten

Diese schwierigen Umstände prägen Hofackers Predigtweise, machen ihn aber auch, und das ist entscheidend, zum *ersten Hörer seiner Predigten*. Er ist selbst zutiefst umgetrieben von dem, was er predigt – und spürt immer wieder, wie weit er hinter dem zurückbleibt, was er sagt. So schreibt er den Freunden im Februar 1824 angesichts großen Zulaufs an Predigtpublikum in der vertraulichen Korrespondenz, ganz Stuttgart halte ihn für den frömmsten Jünger Christi, doch in seinem Inneren finde er nur ein unruhiges Gewissen, jede feste Glaubenszuversicht fehle ihm.[25] An anderer Stelle heißt es: »Ich stehe vor dem Herrn wirklich als ein absoluter Heuchler; er wolle mir meine bisherige Heuchelei vergeben, und mir aus dem freiesten Liebeserbarmen heraus Gnade schenken, und Wahrheit ...« (Juli 1824).[26]

Das Problem der Heuchelei auf der Kanzel hat ihn wiederholt beschäftigt. Dabei ging es ihm nicht um eine bewußte Verstellung vor den Hörern, die er sich nicht vorzuwerfen hatte. Vielmehr erfaßte er intuitiv die Spannung zwischen der Predigt als eigenverantworteter religiöser Rede und der Predigt als geistgewirktem lebendigem Gotteswort. Beides, an sich voneinander unlösbar, droht ihm auseinanderzubrechen. Eigentliches Thema der Heuchelei ist daher das gefürchtete »Eigenwirken«, gegen das durch Abtöten der gottabgewandten Eigen- oder Selbstliebe gekämpft werden muß. Ziel ist die unmittelbar stimmig erfahrene Willensgemeinschaft mit Gott. Weil diese das ganze Leben prägen soll, bedroht das »Eigenwirken« nicht nur die Predigt, sondern alles alltägliche Tun und Lassen. Skrupulöse Selbstbeobachtung

16

und der Drang zur Selbstbeschämung in der steten Betonung der eigenen Sündhaftigkeit und Unwürdigkeit bekommen, vor allem gegenüber den Freunden, ein starkes Eigengewicht. Die Sorge um das »Eigenwirken« durchzieht alle
Lebensbereiche bis hin zum Essen und Trinken.[27]
Für die Predigt gilt: Nicht die kirchliche Beauftragung mit
dem Dienst der Verkündigung, sondern die geistliche Quali-
fikation der Predigerpersönlichkeit bildet in typisch pietistischer Weise die Grundlage des Amtes.[28] Der Prediger ist
nach Hofacker nur dann kein Heuchler, wenn er selbst unmittelbar aus dem lebt, was er auf der Kanzel sagt. Eben dessen aber ist sich Hofacker im Blick auf sich selbst keineswegs
sicher. Die Kanzel erweist sich für ihn als Ort der Versuchung, Gefallen an der Macht der freien Rede zu finden. Was
begeisterte Hörer als Wirken des Heiligen Geistes identifizie-
ren, sieht er realistisch als rhetorisches Phänomen, entstanden aus dem natürlichen Drang, die Fesseln der gebundenen
Rede im direkten Hörerkontakt zu sprengen. So sehr Hofacker auch Fortschritte in dieser Richtung macht, so wenig
kommt er doch nach seinen eigenen Maßstäben dem Ideal einer erwecklichen, frei gehaltenen – deshalb aber nicht weniger gründlich vorbereiteten – Predigt nahe.
Die in der Selbstbeobachtung geschulte Skepsis gegenüber
dem eigenen Ich führt zu teilweise stilisierten, übertrieben er-
scheinenden Selbstanklagen von Eitelkeit und Eigenliebe.
Dabei ist er sich durchaus bewußt, daß gerade diese Selbster-
niedrigung auf Christusfeindschaft hinweisen kann: »Wir ver-
dammen lieber uns selber in die unterste Hölle, als daß wir
dem Herrn in Beugung [Demut] erlauben, uns zu begnadi-
gen.«[29]
In diesem scharfsinnig beobachteten Dilemma hilft ihm die
Einsicht Martin Luthers, ein Christ sei immer Gerechter und
Sünder zugleich – je nachdem, ob er sich im Licht des Glaubens oder der Erfahrung sieht. Hofacker weiß, daß er über
dieses »zugleich« im irdischen Leben nicht hinauswachsen
kann, deutet es aber anders als Luther von geistlichen Erfah-

rungsdefiziten her: dem mangelnden Gnadenbewußtsein und der geringen Kraft zu Selbstverleugnung und Überwindung der Eigenliebe, die er tief in sich verwurzelt findet. Sein Streben gilt dem Glaubenswachstum, der zunehmenden Überwindung der sogenannten »geistlichen Gedankenlosigkeit« in der völligen Willenseinigung mit Christus. Diese vollzieht sich auf typisch pietistische Weise nur mittels Selbstverleugnung und Abtötung des sündigen Eigenwillens im kleinsten: »Die geringsten Dinge in das Leben mit Christo hineinführen, das ist Weisheit.«[30]

Vor allem sucht er die Bestätigung der Christusgemeinschaft in der Erfahrung des Seelenfriedens, also gleichsam eine spezielle Offenbarung, die ihm Gewißheit über den Gnadenstand vermittelt. Praktisch erfährt er den Widerspruch zwischen willentlicher Übergabe an Christus und eigenmächtigem Denken und Tun jedoch als unlösbar. Er vermag sich daher besonders in Zeiten der Anfechtung nicht im eigentlichen Sinn als »Glaubensmensch« zu sehen, »ich fange erst an zu werden«.[31] Sein Streben nach Willenseinheit mit Christus in den kleinsten Dingen des Alltags findet er besonders nachdrücklich in einem Liedvers Friedrich Christoph Oetingers (1702-1782) in Worte gefaßt (»Gott selber will mir alles sein, in jeglicher Minute ...«), ein Zeichen für den gleichsam selbstverständlichen Anschluß an den älteren württembergischen Pietismus in frömmigkeitspraktischer, wenn auch nicht in theologisch-spekulativer Hinsicht.[32]

Hofacker erkennt im Gespräch mit den Freunden zunehmend in reformatorischer Klarheit die zentrale Bedeutung des Glaubens an den Gekreuzigten, der vom gesetzlichen Zwang der frommen Selbstbeobachtung und Selbsterziehung befreit. Beides wird für Hofacker dadurch zwar nicht hinfällig, aber das Christsein gründet doch auf der Rechtfertigung »allein aus Glauben«. Nur diese vermag die Suchenden wie die »ausgebrannten« Herzen der ermüdeten Gläubigen vor geistlicher Selbstüberforderung zu bewahren. Die »harten« Herzen der Unbekehrten, die Hofacker mehrheitlich unter

18

seiner Kanzel sieht und deren Selbstsicherheit er zu erschüttern versucht, glaubt er allerdings mit dieser Botschaft allein nicht zu erreichen, sie brauchen im klassischen Sinne die Predigt des Gesetzes, die mit dem unerfüllten Gotteswillen und der verdienten Strafe konfrontiert.[33]

Hofacker predigt in der Konsequenz als gebrochene Persönlichkeit: Nicht nur als ein von Krankheit Gezeichneter, der die Neugier der Massen anzieht, sondern – wenigstens in seinem Selbstverständnis – als armer, aber begnadigter Sünder. Auch wenn er bei sich selbst immer wieder den Frieden der Seele vermißt, den er anderen so eindringlich predigt, hat er doch das Ziel göttlicher Pädagogik vor Augen: »Arme Sünder werden, nichts werden in sich selbst, aber alles in Christo finden, das ist das Ziel, auf welches der Geist der Wahrheit bey allen hinarbeitet.«[34]

Stimme dieses Geistes will er als Prediger sein, um anderen ebenfalls zu einer existentiellen Gnadenerfahrung zu verhelfen.

Diese Perspektive bestimmt auch seine Hoffnung auf ein seliges Sterben: »Ich will als ein armer Sünder selig sterben, als ein Schächer, dem die blutigen Wunden die Bahn gebrochen haben vor 1800 Jahren.«[35] Es war sein Wunsch, daß bei seinem Begräbnis nur die »freie Gnade Gottes« verkündigt werde. Er gehe als armer Sünder heim, der nichts von sich rühmen könne, als daß er aus Gnade durch den Glauben an den Heiland der Sünder selig geworden sei.[36] Was Hofacker schon als Student in Tübingen bei der Lektüre des gerade erschienenen Berichts vom seligen Sterben Johann Heinrich Jung-Stillings (1740-1817) so beeindruckt hatte, wird hier biographisch eingeholt.[37]

GOTT UND DIE SEELE – DIE SEELE UND GOTT

Fragen wir nun nach Grundzügen seiner Verkündigung, die wir als reformatorisch ansprechen können, so wird schnell deutlich: Es ist vor allem ein pietistisch vermitteltes Luthererbe, das Hofacker für die Erweckungspredigt fruchtbar macht. Die Konzentration auf den einzelnen vor Gott, auf *Gott und die Seele* bzw. *die Seele und den Sünderheiland* bestimmt die beiden Brennpunkte: einmal die *objektiven* Heilstatsachen der Bibel, allen voran der Kreuzestod Jesu, sodann die *subjektive* Aneignung dieser Tatsachen *für uns* und, über das klassisch-reformatorische Erbe hinaus, die intensive Selbstthematisierung und Selbstproblematisierung im Blick auf den jeweiligen Seelenzustand.

Neben dem schlichten Vertrauen auf das Wort der göttlichen Verheißung, wie es der reformatorischen Tradition entspricht, kommt dem pietistischen Erbe der Selbstbeobachtung im Zeichen der Erfahrung der Wiedergeburt ein großes Gewicht zu. Ein wirklicher Ausgleich oder eine klare Abgrenzung zwischen beidem findet nicht statt, und das liegt vor allem an einem beklagenswerten Mangel an Theologie.[38]

So verbindet sich ein intensiver pietistischer Bibelglaube mit einem für die Zeit durchaus attraktiven, schon von Empfindsamkeit und Romantik gestärkten religiösen Individualismus. Die Erweckungsbewegung erschließt einen wichtigen Grundzug des Pietismus für breitere Bevölkerungskreise. Auch wenn dies nicht ohne eine gewisse Verflachung der Inhalte geschieht: Der einzelne sieht sich ganz abseits von den traditionellen Fragen der Rechtgläubigkeit auf neue Weise persönlich angesprochen und vom Entscheidungscharakter des Glaubens herausgefordert.

Dem entspricht die Bestimmung des formalen Hauptzieles der Verkündigung: Es geht um die Erweckung eines sogenannten »Totaleindrucks«, der nach Hofackers Worten weniger den Verstand als vielmehr das Herz der Hörer erreichen soll, genauer: die mit dem biblischen Herzensbegriff gemeinte Personmitte, die sich für Hofackers Antiintellektualismus weniger im Verstand als in Gefühl und Wille erschloß. Der Begriff des Totaleindrucks erinnert an ein wichtiges (spät-)pietistisches und empfindsam-romantisches Anliegen, das sich gegen die einseitige Verstandesbetonung zu Lasten von Gefühl und Anschauung in der Aufklärungsbewegung richtet. Hofacker sieht seine Gabe bewußt in der erwecklichen und nicht in der erbaulichen, eher verstandesorientierten Predigt, will aber beides nicht alternativ betrachtet wissen.[39] Inhaltlich treten mit Buße und Gottesfurcht freilich willensbetonte Themen in den Vordergrund, die in der traditionellen, den Glauben der Hörer schon voraussetzenden Erbauungspredigt vermißt werden.

Die »fremde Gerechtigkeit« –
Das lutherische Erbe

Am deutlichsten wird das *lutherische Erbe* bei Hofacker in der zentralen Stellung, die der gekreuzigte Christus und die dem Sünder zuerkannte »fremde«, das heißt allein von Christus herkommende Gerechtigkeit in der Predigt einnimmt. Es ist das freudige Ergreifen dieser fremden Gerechtigkeit im Glauben, das den Sünder vor Gott gerecht macht, und dies angesichts des göttlichen Gerichts über alles Irdisch-Menschliche. Auch das dem Glauben zukommende passive Moment des Wirkenlassens Gottes kann Hofacker klar zur Sprache bringen, so wenn er den selig preist, der »sich von aller eigenen Gerechtigkeit entkleiden läßt, denn ihm wird die Gerechtigkeit Christi angezogen«.[40] Eine Schlüsselrolle für diese Einsicht spielt die tägliche »Hitze der Anfechtung«. Sie macht schmerzlich bewußt, wie wenig der Mensch aus sich selbst vor Gott recht sein und seinem Leben Sinn geben kann. Hier bleibt nach Hofackers Bekenntnis in seiner Rielingshausener Antrittspredigt nur der Glaube als ein inneres Sich-Festklammern an den »für mich« gekreuzigten Christus, »denn Er ist mein einziger Anker in dem Schiffbruch meines eigenen Verdienstes, den ich täglich erleide. Der Grund auf den ich gründe, ist Christus und sein Blut«.[41] Entsprechend betont noch die Christfestpredigt 1827, daß des Menschen zeitliche Freude und ewige Seligkeit nicht in ihm selbst, sondern ganz und allein in Christus zu finden sei und, in Betonung des Beharrlichen, man sich »durchglauben« müsse mit dem Verdienst Christi: »durch alle Finsternis, durch alle Schwachheit, durch das tägliche Elend und Gefühl der

Sünde, man glaubt sich durch bis vor den Thron Gottes
...«[42]

Noch in den letzten Tagen vor seinem Tod weist er Besucher
auf ein an der Wand hängendes Bild des dornengekrönten
Christus mit den schlichten Worten: »Das ist mein Mann!«[43]

»DURCH SEINE WUNDEN SIND WIR GEHEILT ...« – NIKOLAUS LUDWIG GRAF VON ZINZENDORF UND HERRNHUT

Auf intensive Weise vor Augen gemalt wird diese fremde Gerechtigkeit Christi mit Vorliebe in der von Nikolaus Ludwig Graf von Zinzendorf (1700-1760) und den Herrnhutern inspirierten Kreuzesmeditation. Hier werden Schätze einer ins Mittelalter zurückweisenden Passionsmystik bewahrt, die eine aufklärungsselige Zeit so nicht mehr akzeptieren mochte.[44] Neben dem prophetischen Bußruf wird der Ruf zum Glauben an das gekreuzigte Lamm Gottes zum Angelpunkt der Predigt.[45] Dieser Glaube realisiert sich für Hofacker bevorzugt im »Ausruhen an (bzw. in) den Wunden Christi« oder, was sachlich dasselbe meint, im geistgewirkten Anschauen der ewigen, ans Kreuz gehefteten Liebe.[46] Das Motiv der Ruhe, das dem wandernden Gottesvolk nach dem Hebräerbrief verheißen ist (vgl. Hebr. 4,1), spielt hierbei eine zentrale Rolle, pointiert verbunden mit dem für Hofacker wichtigen biblischen Leitwort nach Jesaja 53,5, der paradoxen Aussage des Gottesknechtsliedes: »Durch seine Wunden sind wir geheilt.«[47]
Die Sprache der Blut- und Wundenfrömmigkeit nach Herrnhuter Prägung wird zu einer zentralen Form der Selbstvergewisserung im Glauben wie des Umkehrrufs in der Predigt. Die kindlich-spielerischen Momente werden als Zinzendorfsche Extravaganzen jenseits der Bibelsprache betrachtet und nicht aufgenommen. Hofacker entdeckt hier ein besonders wirksames Mittel, »wahre« Gefühle über sich und über Gott zu erwecken, also dem Menschen den Fluch der Sünde vor Augen zu führen und in ihm zugleich den Wunsch zum

Empfang der ungeschuldeten, ganz und gar »freien Gnade Christi« entstehen zu lassen.[48]

Zinzendorf gilt ihm neben Martin Luther als herausragender Prediger des Evangeliums. So empfiehlt er auch anderen Predigern die Lektüre Zinzendorfs, insbesondere die der »Berliner Reden« von 1738, in denen dieser Luthers Erklärung des zweiten Glaubensartikels auslegte.[49]

Wie Zinzendorfs Theologie und Verkündigung, so übt auch die Herrnhuter Brüdergemeine der Gegenwart mit ihrer intensiven Diasporapflege eine große Anziehungskraft auf Hofacker und seine Freunde aus.[50] Zinzendorf hat dem Begriff »Diaspora« eine neue Bedeutung gegeben, er wird nicht mehr konfessionell, sondern überkonfessionell verstanden und auf alle wahrhaft Gläubigen, die verstreut in allen Kirchen und Konfessionen leben, bezogen. Hier kommt eine zukunftsträchtige Form des ökumenisch angelegten und doch die herkömmliche Kirchenzugehörigkeit respektierenden Christseins in den Blick, die über die Enge und den Partikularismus der verschiedenen pietistischen Gruppierungen Württembergs mit ihren zum Teil separatistischen Tendenzen hinausweist.

Diese ausgesprochen positive Sicht der Brüdergemeine als wichtiger Sammlungsbewegung der Gläubigen, die beispielsweise auch vom »Patriarchen der Erweckung«, Johann Heinrich Jung-Stilling, vorbereitet wurde, unterscheidet die junge Erweckungsbewegung deutlich von den abwehrenden Stimmen des älteren württembergischen Pietismus, etwa Johann Albrecht Bengels. Umgekehrt finden sich nun auch in den Diasporaberichten, die aus dem Württembergischen nach Herrnhut geschickt werden, anerkennende Notizen über Hofacker und seine segensreiche Predigttätigkeit.[51]

Eine herausragende Form der Diasporaarbeit war die Herrnhuter Predigerkonferenz, ein Zusammenschluß landeskirchlicher Pfarrer, die sich Herrnhut verbunden wußten und ihre Verbindung durch Korrespondenzen und die seit 1765 jährliche Versammlung in Herrnhut pflegten. Bei dieser wurden vor allem praktische Fragen der Verkündigung und Seelsorge behandelt, im Grundzug antiaufklärerisch ausgerichtet wie später die Erweckungsbewegung auch. Die Herrnhuter Predigerkonferenz blieb ständiger Adressat von Berichten, Anfragen und Nachrichten aus dem »Reich Gottes«. In Württemberg pflegte insbesondere der einflußreiche Prediger und Seelsorger Christian Adam Dann (1758-1837) durch zahlreiche persönliche Schreiben die Kontakte zu Herrnhut.[52] Herausragendes Dokument für den Ende der zwanziger Jahre dringlich gewordenen Wunsch, die Kontakte mit Herrnhut auf persönlicher Ebene zu intensivieren und damit ältere Verbindungen aufzufrischen, ist der von Hofacker und elf weiteren befreundeten Kollegen aus der Umgebung von Ludwigsburg unterzeichnete Brief vom 18. März 1828. Zu den Mitunterzeichnern gehört auch der seit Studienzeiten enge Freund Hofackers und Teilnehmer an der Zirkularkorrespondenz, Wilhelm Friedrich Roos (1798-1868), Pfarrer in (Ludwigsburg-)Oßweil.[53]

Das ausgesprochen informative und offenherzige Schreiben gibt einen guten Einblick in die Lage der württembergischen Landeskirche und ihrer pietistischen Gruppierungen aus der Sicht wichtiger Vertreter der jüngeren Erweckungsbewegung (siehe unten »Hofacker und Herrnhut«, I. Brief). So erfahren wir, daß die ältere Stuttgarter Predigerkonferenz von pietistisch gesinnten Pfarrern, die am Erlöschen gewesen war, durch die jungen Kräfte der Erweckungsbewegung wiederbelebt und zum Zentrum neuer regionaler Konferenzen gemacht wurde. Der Brief nach Herrnhut stammt nicht von der zentralen Stuttgarter, sondern von der regionalen Konferenz, welche die Pfarrer aus der Gegend von Ludwigsburg im ein- bis zweimonatlichen Abstand zusammenführte. Die hier gepflegte brüderliche Gemeinschaft darf als wichtige Stütze für Hofackers Predigttätigkeit gelten. Diese war trotz ihrer besonderen Prägung nicht ein Einzelunternehmen, sondern Teil einer gemeinschaftlichen Predigt- und Seelsorgepraxis.

Das Schreiben macht deutlich, wie sich die jungen Erwekkungsprediger selbst in die Geschichte des Pietismus einordnen: Einerseits betonen sie die Nähe zu den pietistischen Gemeinschaften, die vor allem als Träger der Bibel- und Missionsbewegung in Württemberg gewürdigt werden, andererseits bekunden sie ihre Unzufriedenheit mit der Parteienbildung in Pregizerianer, Michelianer und »gewöhnliche« Pietisten. Die volle Sympathie gilt wegen lehrmäßigen Besonderheiten der beiden ersten Gruppierungen den letzteren, die sich an den klassischen pietistischen »Vätern« Johann Arndt (1555-1621), Philipp Jakob Spener (1635-1705) und Johann Albrecht Bengel orientieren. Hier herrscht das Bewußtsein einer klaren Kontinuität von der Arndtschen Frömmigkeitsbewegung des 17. Jahrhunderts über den klassischen Pietismus Speners bis hin zum späteren württembergischen Pietismus und der jungen Erweckungsbewegung.

Kritisch gesehen wird dagegen die Entwicklung der Gemeinschaften selbst. Sie erscheinen den jungen Erweckten als schon zu stark verkirchlicht, d. h. hier: in den allgemeinen Verfallsprozeß der Kirche einbezogen und dem Gedanken der Sammlung der Bekehrten wie auch der aktuellen Erwartung einer neuen Geistausgießung im Vorfeld der Wiederkunft Christi entfremdet. Als Zeichen hierfür gilt die mangelnde Disziplinierung der Mitglieder, also ein Versagen auf dem traditionellen Gebiet der Kirchenzucht, die nur in besonderen Gemeinschaften innerhalb der volkskirchlichen Breite realisierbar schien. Weder die Pfarrer vor Ort noch die reisenden Herrnhuter Diasporapfleger hatten hier den nötigen Einfluß.

Vermißt und ersehnt wird die Kraft zu einem tiefgreifenden Neuaufbruch, wie ihn die Missionsnachrichten von den erfolgreichen Heidenbekehrungen berichteten und wie ihn die Erweckungsprediger trotz ihres vielfachen Zuspruchs nicht erreichten.[54] Das allgemein beobachtete »Laufen und Rennen« zur erwecklichen Predigt bleibt demnach im Weltmaßstab ein Randphänomen, mehr ein Ausdruck des zeittypischen Zugs zum Erlebnis als ein Zeichen des geistgewirkten Buß- und Umkehrwillens. Zugleich wird die eigene Gruppenbildung als notwendige Parallele zur allgemeinen Organisation von Vereinen und Gemeinschaften (Sozietäten) in der Tradition der Aufklärung vorgestellt, ein wichtiger Zug des ansonsten so hart kritisierten »Zeitgeists« also übernommen. Auch nach Hofackers Tod pflegen die Freunde den Kontakt mit der Herrnhuter Predigerkonferenz. Das zweite Schreiben aus dem Jahr 1829, nun mit einundzwanzig Unterschriften, enthält eine charakteristische Würdigung des verstorbenen Hofacker. Außerdem finden sich Mitteilungen über den erfolgreichen Druck der ersten Sammlung von Hofacker-Predigten, über den Ablauf der Regionaltreffen und die unterschiedlichen, zum Teil wider Erwarten negativen Erfahrungen mit den pietistischen Gemeinschaften wie auch über die Reise einer der Freunde zur letzten Predigerkonferenz nach Herrnhut. Starken Ausdruck findet nach wie vor das pneumatisch-pneumatologische Interesse, die Sehnsucht nach einer neuen Geistausgießung (siehe unten »Hofacker und Herrnhut«, II. Brief).

KREUZESMEDITATION

Wollte man allein von Anschaulichkeit der Predigt Hofackers in der Schilderung des Gekreuzigten sprechen, es wäre zu wenig. Hofacker geht es um ein meditatives Geschehen der betrachtenden Anbetung, zu der er den Hörer hinführen will.[55] Dies ist auch der Sinn der in die Predigten immer wieder eingebauten Gebete und Liedverse, vornehmlich von Martin Luther, Paul Gerhardt (1607-1676), Philipp Friedrich Hiller (1699-1769) und dem Herrnhuter Gesangbuch – mag man aus heutiger Sicht auch homiletische Bedenken gegen die oft allzu suggestiv wirkende Mischung aus Rede und Gebet haben. Dennoch: Die in die Kreuzmeditation einweisenden Abschnitte gehören meines Erachtens zu den dichtesten Stellen der Predigten. Mit Blick auf den Mann der Schmerzen heißt es etwa: »Seht doch, welche Liebe! Seht doch den blutenden, den schmachtenden, den sterbenden Jesus, ausgespannt am Holz des Fluches, blutig, bleich, in die Nacht des Todes hinein versinkend um unsretwillen, um *unsretwillen*, liebe Seelen! Und gegen diese Liebe sind wir bis jetzt so fremd gewesen ...«[56]
Es ist die Figur Johannes des Täufers, die Hofacker in seinen steten Aufforderungen zum »Sehen« nach Johannes 1,29 leitet (»Seht das Lamm Gottes, das die Sünde der Welt hinwegträgt«). Er malt Christus als Lamm Gottes vor die Augen des Geistes, die historische Distanz wird in eine entscheidungsrelevante Gleichzeitigkeit aufgehoben: »Da kann man unter seinem Kreuz stehen, wie wenn er eben jetzt daran hinge; da kann man sein Blut fließen sehen, wie wenn es jetzt flösse zur Versöhnung für unsere Sünden; da sieht man ihm in seine Wunden hinein, wie wenn sie eben jetzt geschlagen wä-

ren; man sieht's, man trinkt Gnade und Erbarmung aus diesem Anblick für sein heilsbegieriges Herz!«[57]

Die Schlußwendung führt an das betont seelsorgerliche Interesse des ganzen Motivkreises heran: »Ach, lieber Mensch, verzagter Mensch, ängstlicher Mensch, der du zweifelst, ob er das angefangene Werk hinausführen könne, siehe doch seine durchgrabenen Hände und seine Liebe an!«[58] Was dem zweifelnden Thomas nach der Auferstehung ermöglicht wurde, das vollzieht der Gläubige in der Kreuzmeditation: »... im Glauben können wir, so es uns recht Ernst damit ist, unsere Hände wohl in seine Seite und unsere Finger in seine Nägelmale legen, können aus seinen Wunden Gnade und Kraft ... und immer größere Liebe zu ihm schöpfen.«[59]

Wie für Martin Luther verbirgt sich am Kreuz Gottes Herrlichkeit und Schönheit präzise unter dem Gegenteil. Dies wird in vielfältiger Weise von Hofacker variiert und mit großer Intensität, zuweilen auch zum drastischen Realismus einer Blut- und Wundenseligkeit gesteigert. So sind es die Wunden Jesu, die wie bei Zinzendorf zum Zufluchtsort der unruhigen Seele und zum Kraftquell des Glaubens werden. Die Herrlichkeit des Christus ist Leidensherrlichkeit, und diese bildet sich ab in der Leidensnachfolge der Gemeinde, »das Reich Gottes ist noch ein Kreuzreich«.[60] So verbindet Hofacker das *Ecce homo* von Johannes 19,5 mit dem in der Tradition auf Christus gedeuteten Psalm 45: »Sie [die »Weltkinder«] mögen schön finden, was sie wollen, so ist doch Christus, das Lamm Gottes, herrlicher, schöner denn alles. Ja, du, o Jesus, bist der Schönste unter den Menschenkindern ...«[61]

Daneben bleibt auch Raum für die pietistisch wie aufklärerisch gepflegten Formen der Naturfrömmigkeit: Neben der Bibel, der individuellen Lebensführung und dem Gewissen gilt gelegentlich die Aufmerksamkeit der äußeren Natur als Ort göttlicher Offenbarung.[62]

Wichtig ist in diesem meditativen Zusammenhang die emotionale Verankerung des Glaubens als einer Reaktion der

Liebe auf ein Geliebtwerden. Diese versucht Hofacker in seinen Predigten zu provozieren. So sehr auch immer wieder der drohende Gotteszorn über den Unbußfertigen beschworen wird: Es ist nicht die Angst vor Strafe, sondern das Überwältigtwerden durch Liebe, die den Menschen zur Sinnesänderung bewegen soll. In der Sprache religiöser Empfindsamkeit: »Ach, wenn eine Seele in diese Tiefen der leidenden und sterbenden Liebe hineinblickt, ... da möchte sie in Dank und Liebe zerfließen und sich ihm auf ewig opfern; da weiß sie nichts anderes zu geben als Dankestränen ...«[63] Dazu haben Hofackers Predigten auch immer wieder angeregt und die Hörer in tiefe Erschütterung versetzt.[64]

31

OPFERTHEOLOGIE

Insgesamt konzentriert sich für Hofacker die christliche Versöhnungslehre auf *einen* Punkt: das Opfer Jesu. Jesus, das erwürgte Lamm, und Jesus, der Hohepriester, sind die Grunddaten der Versöhnungslehre vorrangig nach dem Hebräerbrief. Besonders die Erledigung aller Schuldigkeiten, die Gott je vom Menschen fordern kann, in dem *einen* Opfer Christi nach Hebräer 10,14 (»Denn mit *einem* Opfer hat er für immer die vollendet, die geheiligt werden«) bewegt ihn tief.[65] Entsprechend denkt er sich auch Buße und Bekehrung als ein Dankopfer, als entschlossenes Ganzopfer der eigenen Person. Auf dieses hat Gott ein Recht, hat er sich selbst doch in Christus zum rettenden Opfer gegeben.[66] Nicht die zeitgenössisch so betonte Pflicht des Menschen zur moralischen Vervollkommnung, sondern das Anrecht Gottes auf sein Geschöpf bestimmt die Perspektive. Dabei appelliert Hofacker auch an das natürliche Rechtsgefühl des Menschen, das Gott recht geben müsse – eine Art »gesundes Menschenempfinden« gegenüber Gott als Richter und Retter, also gleichsam eine empfindsam-erweckliche Variante zur aufklärerischen These von der allgemeinen menschlichen Vernunft.

Die Erfahrung der Gnade bleibt an das Erschrecken vor dem Jüngsten Gericht gebunden, wie es Hofacker bei Martin Luther findet und bei seinen Zeitgenossen vermißt. Einzige Pflicht und Schuldigkeit des Menschen in dieser Perspektive ist nicht eigentlich der Glaube, sondern die *Bitte* um den Glauben oder, im Duktus der Willensbetonung, das Glauben-Wollen an die ewige, zum Heil des Menschen gekreuzigte Liebe Gottes.[67]

Die Dimensionen von Liebe und Recht stehen hier nicht gegeneinander, sondern verbinden sich. Was dies christologisch bedeutet, sagt die Predigt über das hohepriesterliche Gebet Jesu nach Johannes 17, bei der Hofacker auch an die Auslegung von Johann Albrecht Bengel erinnert: Das Anrecht des Sohnes auf die Seinen wurzelt im innersten Wesen der Gottheit, im Ratschluß, den die Liebe zwischen Vater und Sohn vor aller Zeit gefaßt hat.[68]

Wenn Hofacker im November 1827 den Freunden gegenüber eine problematische Faszination durch die Kategorie des Rechts bekundet, dann meint er damit die Gegenseite: die Schwierigkeit, seine Existenz täglich neu als Gottesgeschenk anzunehmen. Der natürliche Mensch will sich schlechterdings nicht alles schenken lassen. Und doch kommt es nach Hofacker gerade darauf an: »Alles ... als Gnade ansehen lernen, alles Gute als Geschenk aus der Hand Gottes *um Christi willen* annehmen, erfahren, daß ich ein todter Hund bin in mir selber ...; täglich zu finden, daß ich arg und des höllischen Feuers werth bin, und täglich die Seligkeit geschenkt annehmen und mich über meinen Tod in das Verdienst Christi hineinglauben, daß dort, nicht in mir, meine ewige Erlösung ... liege – geht der Natur gar sauer ein ...«[69]

Fundamental bleibt die Rechtskategorie im Zusammenhang der Erlösung, wie die Aufnahme des alttestamentlichen Prophetenwortes Jesaja 1,27 zeigt: Zion müsse durchs Recht erlöst werden – was in Christus geschehen sei. Gedacht ist dabei an die gestörte Rechtsordnung des Friedens (»Schalom«) zwischen Gott und Mensch, die Christus wieder hergestellt hat: Allein durch ihn kommt der Mensch vor Gott wieder »zurecht«, in ihm erweist sich der richtende Gott zugleich als rettender Gott. Die Scheu vor der Theologie verhindert freilich eine nähere Klärung, doch bleibt die reformatorische Grundausrichtung gewahrt.[70]

Der Gedanke des innertrinitarisch verankerten göttlichen Rechts und des hohepriesterlichen Amtes Christi spielt auch in weiteren verwandten Zusammenhängen eine wichtige

Rolle, vor allem bestimmt er Hofackers Vorstellung von der Rechtfertigung. Diese wird im Gefolge des Bengel-Schülers Philipp David Burk (1714-1770) bevorzugt als rein innergöttliches Rechtsgeschehen verstanden.[71] Vater und Sohn verständigen sich gleichsam intern am »göttlichen Hofgericht im Himmel« über die Annahme des bußfertigen Sünders: Christus, der Hohepriester, zeige dem Vater eine jede an sich selbst verzagende und sich ihm ergeben wollende Seele an, der diese sodann in seinem Herzen akzeptiere.[72]

Davon getrennt wird die *Bestätigung* dieser Rechtfertigung im Herzen der Bekehrten, also in der geistlichen Erfahrung. Diese »Versiegelung«, die dem Menschen Gewißheit über seinen Gnadenstand schenkt, folge zwar mehr oder weniger unmittelbar auf den rechtfertigenden Glaubensakt, werde aber oft durch Ungeschicklichkeit verzögert und aufgehalten. Dies schien auch mit biblischen Beispielen belegbar, so mit dem Gleichnis vom Pharisäer und Zöllner in Lukas 18,9-14: Von diesem heiße es zwar, daß er gerechtfertigt nach Hause ging, doch sei nicht gesagt, ob er darüber auch sogleich eine innere Gewißheit erlangt habe.

Wichtiger noch als die eher gezwungen wirkenden biblischen Beispiele war, daß Hofacker in Burks Ausführungen eine Erklärungsmöglichkeit für den längeren Prozeß des Suchens fand, der mit seiner eigenen Bekehrung verbunden gewesen war: Schon über ein Jahr vor seiner Krankheit war er »vom Sündenschlaf erwacht«, doch die Mystik Jakob Böhmes befriedigte ihn nicht.[73] Im nachhinein erschien sie ihm als störendes Hindernis auf dem Weg zur klaren Unterscheidung von Rechtfertigung und Heiligung als Kern der biblischen und kirchlichen Versöhnungslehre. So wird die Böhme-Lektüre als Teil jenes törichten »Eigenwirkens« gedeutet, das der Glaubens- und Rechtfertigungsgewißheit und damit der Versiegelung im Wege stand.[74] Zu den spekulativen Elementen, die Böhme auch an den Pietismus Oetingers und Michael Hahns (1758-1819), den Vater der Hahnschen Gemeinschaft, weitergab, fand Hofacker ohnehin keinen Zugang.

Die Absicht ist klar: Die Rechtfertigung soll wie bei Burk im reformatorischen Sinn als reine Gnade, also als allein im Glauben gegebenes Gottesgeschenk gesichert und allen Zweifeln und Anfechtungen auf der Ebene der Erfahrung entnommen werden. So will Burk auch nicht die ängstliche Sorge um den Gnadenstand, sondern das frohe Glaubenswagnis fördern. Nicht erst zu dem Zeitpunkt ist der Mensch mit Gott im reinen, wenn ihm diese Gnade innerlich klar wird, sondern wenn der Vorgang der Bekehrung, die »Erweckung zum Leben, das aus Gott ist«, in Gang gekommen ist, oder in Hofackers bevorzugtem biblischen Bild: wenn der Mensch vom (Sünden-)Schlaf aufgewacht ist.[75] In der Folgezeit kann der Gläubige nicht einen beständigen freudigen »Genuß« der Rechtfertigungsgnade erwarten, sondern muß durch alle Anfechtung hindurch den Rechtfertigungsglauben immer neu von Grund auf einüben.[76] Für Hofacker bedeutete dies eine wichtige Abgrenzung gegenüber dem »Freudenchristentum« der Pregizerianer. Diese betonten im Gefolge von Christian Gottlob Pregizer (1751-1824) vor allem die objektiven Wirkungen von Taufe und Abendmahl und die aus der Rechtfertigungsgnade erwachsende Freude eines Christenmenschen.[77]

Freilich, der Preis ist hoch: Rechtfertigung und Vergewisserung werden faktisch nicht nur unterschieden, sondern getrennt. Die Rechtfertigung verliert – anders als im Gleichnis vom Pharisäer und Zöllner – ihren umfassenden, den Menschen neu schaffenden Charakter. Sie geht ihn sozusagen nur noch theoretisch an, solange sie nicht durch die Selbsterfahrung bewahrheitet werden kann. Die Glaubenszweifel aber sind nicht besiegt. Sie finden auf einer anderen Ebene, nämlich der von der Ungewißheit über die Versiegelung angetriebenen geistlichen Selbstbeobachtung, erneut ein weites Betätigungsfeld.

GLAUBE UND GEFÜHL

Trotz dieser engen Verkoppelung von Glaube und Gefühl müht sich Hofacker immer wieder darum, den Glauben nicht zu verwechseln mit Gefühlsregungen und mit den Erfahrungen, die der Glaube macht. Dies zeigt sich in der Skepsis gegenüber allen kurzlebigen geistlichen Rührungen, wie er sie als Prediger oft genug erlebt hat. Auch das Strömen der Massen kann nicht darüber hinwegtäuschen, daß Hofacker nur wenig Erfolg sah: »... ganze Bekehrungen gibt es selten.«[78] Weiter ist der Glaube nicht identisch mit den Erfahrungen des Glaubens: So warnt Hofacker davor, das Bekehrungserlebnis zu einem Schlüsselereignis christlicher Heilsgewißheit zu machen oder sich frommen Selbstzweifeln hinzugeben. Gerade in der Anfechtung solle man nicht sagen: »Ich spüre nichts von meiner Versöhnung mit Gott.« Statt dessen zählt allein wie bei Luther der »nackte« Glaube an das Wort Gottes, also an seine Verheißung und Zusage. Eben so, berichtet er, »hat sich Luther durch manche Anfechtung hindurchgerungen.«[79] So kann Hofacker den Freunden auch schreiben: »Wir müssen sehr vom Gefühl abkommen, liebe Brüder, darauf unsere Hoffnung zu gründen. Der Grund unserer Hoffnung ist nicht in uns, sondern in Christo ...«[80] Dennoch wird ein gefühlszentriertes Christentum vertreten, denn der Glaube wird im pietistischen Sinn notwendigerweise von Gefühlen begleitet; wahres Christsein erweist sich in erster Linie durch die »brennende Liebe zum Heiland«.[81]

»Seele, bist du bekehrt?«

Die Betonung des »nackten« Glaubens im Lutherschen Sinn
steht in Spannung mit der dauernden Schulung in der geistlichen Selbstwahrnehmung, die Hofacker in seinen Predigten
so intensiv betrieben hat, zusammengefaßt in die zentrale
Frage: »Seele, was bist du, bekehrt oder unbekehrt?«[82] Der
biblisch-prophetische Ruf zur Umkehr und zum Leben in
der Freiheit der Kinder Gottes wird immer wieder in die Innerlichkeit gespiegelt und gibt Anlaß zur Selbstthematisierung. Der Glaube wird nur dann als vollgültig anerkannt,
wenn er reflexiv als kindliche »Heilandsliebe« wahrnehmbar
und so der Selbst- und Fremdeinschätzung zugänglich gemacht wird. Im Interesse am psychologisch faßbaren Nieder-
schlag des Glaubens wird intensiv nach den jeweiligen »Zü-
gen« im Herzenszustand bekehrter und unbekehrter (!) Christen gefragt, um den eigenen Seelenzustand kritisch prüfen
zu können.[83]
Dies macht die Bekehrung zum Erlebnis der eigenen Innerlichkeit. So »bekehrt« sich der Vater Ludwig Hofackers auf
dem Sterbelager von seiner eher emotionsarmen Tübinger
Orthodoxie zur gefühlsbetonten pietistischen Innerlichkeit
des Sohnes.[84] Nach dem Zeugnis des Bruders Wilhelm
herrschte zu jener Zeit ein »kleines Schisma« in der Familie:
Mutter und Bruder Ludwig hielten zusammen, er stand auf
der Seite des Vaters, der zwar damals schon »kräftig zum
Herrn gezogen wurde, aber als Storrianer und nüchterner
Geschäftsmann Angst hatte, ganz überflügelt zu werden«.[85]
Der Glaube bleibt eben doch nicht »nackt« auf Christus ver-
wiesen, sondern wird mit immer neuen Nebenbedingungen
gelungener Selbstvergewisserung verknüpft. Diese wird von

Hofacker zu einer Art intuitiver Glaubenspsychologie entwickelt, die Bekehrungsvorgang und Gnadenerfahrungen näher aufzuschlüsseln versucht. Später sollte besonders der schon in Studententagen mit dem Bruder Wilhelm verbundene Johann Tobias Beck (1804-1878) – ansonsten dem Aktivismus der Erweckungsbewegung gegenüber eher zwiespältig eingestellt – das pietistische Erbe in dieser Hinsicht systematischer aufarbeiten und in seine Reich-Gottes-Theologie einfügen.[86]

So ergibt sich im Zusammenhang von Bekehrung und Wiedergeburt bei Hofacker eine eigentümliche Spannung zwischen objektiven und subjektiven Momenten. Die Bekehrung kann sachlich ganz konzentriert werden auf die Bitte des Blinden vor Jericho: »Jesus, du Sohn Davids, erbarme dich meiner!« (Mark. 10,47). Und doch werden zugleich die Stufen der Bekehrung von den ersten »Gnadenzügen« an im unruhigen Gewissen aufgezeigt, um die Freiheit des menschlichen Willens wenigstens in den Beginn des Bekehrungsprozesses zu integrieren, ein ganz und gar unreformatorischer Zug.

Erste Stufe der psychologisch aufgefächerten Bekehrungsordnung ist demnach der freie Entschluß: »Ich will mich bekehren« – gefolgt vom Eingeständnis: »Ich weiß nicht, wie ich's mache« – hin zur Bitte an Gott, die alles eigene Vermögen nach Jeremia 15,19 wieder negiert: »Bekehre du mich, so werde ich bekehrt!«[87] Diese Ordnung beschreibt einen Wechsel des Subjekts vom Menschen zu Gott hin. Aus der anfangs aktiv gedachten Bekehrung wird ein passives Geschehen am Menschen. So soll die Möglichkeit und Notwendigkeit des menschlichen Willensentschlusses mit dem alleinigen Handeln Gottes versöhnt werden. Diese Figur des Subjektwechsels kann Hofacker sogar auf die Bildsprache des Opfers übertragen. Analog zur Bitte an Gott: »Bekehre du mich ...« kann es in Aufnahme eines Liedverses heißen: »... opfre du mich ganz und gar ...«.[88]

Das besondere Interesse an den psychologischen Phänomenen des inneren Widerstands gegenüber dem im Gewissen des Menschen spürbaren göttlichen Anspruchs auf die ganze Person, dem »Ziehen« Gottes, zeigt sich beispielhaft in Hofackers Predigt über die Bekehrung des Thomas zum Osterglauben der Jünger nach Johannes 20,24-29.[89] Anders als im Text gilt das ganze Interesse den Bedingungen, die der Gläubige erfüllen muß, um in den Genuß einer entsprechenden Gnadenerfahrung zu kommen. Nicht diese selbst, sondern die Fehler des Thomas im Vorfeld treten so zunächst in den Vordergrund. Seine zögerlich-zweifelnde Haltung gilt als vermeidbarer Widerstand gegen das erzieherische Moment des göttlichen »Gnadenzugs«, der sich im Gewissen meldet. So wird den Hörern die Bedeutung von geistlicher Gemeinschaft und einem schlichten Glauben ohne Zweifel und Grübelei (»Herzenseinfalt«) nahegebracht, beide habe Thomas in seinem Eigensinn nicht ernstgenommen. In der Hauptsache aber bleibt auch Thomas Vorbild: Er habe sich trotz mangelndem Glauben die Liebe zu Jesus und damit die Sehnsucht nach ihm bewahrt.

Mit dieser Sehnsucht ist für Hofacker immer auch ein urmenschliches, nicht nur ein christliches Bedürfnis angesprochen: das elementare Bedürfnis nach Überwindung der Daseinsangst und endgültiger Erlösung, welches die in der Aufklärungszeit so hochgeschätzte Vernunft nicht befriedigen kann. So lebt in jedem Menschen etwas von dieser Sehnsucht nach Jesus, wenn auch als solche meist unerkannt. Bei Thomas war diese Sehnsucht lebendig und bewußt, nur deshalb konnte ihm nach Hofackers Überzeugung der Auferstandene erscheinen. Allein auf dem Hintergrund dieses realen religiösen Bedürfnisses entstand demnach das überwältigende persönliche Bekenntnis: »Mein Herr und mein Gott!« (V. 28). Hofacker macht das entscheidende Identifikationsangebot für den Hörer auf der affektiv-emotionalen Ebene: nicht in der abstrakten Rede vom religiösen Bedürfnis, sondern in der konkreten von der Sehnsucht nach Erlösung, die der Auferstandene auch in der Gegenwart nicht unbeantwortet läßt.

Wie in den meisten Predigten lädt auch hier die geistliche Liederdichtung auf seelsorgerliche Weise zur Zustimmung ein. So lassen die Eingangszeilen des Verses »Weicht ihr Trauergeister« (EG 396,6), Schlußvers von »Jesu meine Freude«, gezielt die gegenwartsbezogene Dimension des im Glauben nahenden Christus aufklingen, während das damals neuere Erweckungslied aus der Feder des Nürnberger Pfarrers Johann Gottfried Schöner (1749-1818) »Himmelan, nur himmelan, soll der Wandel gehn« die Hoffnung auf das eigentliche Ziel, den im Schauen vollendeten Glauben anspricht.[90]

So grundlegend alternativ und schematisch daher Hofacker auch die Entscheidungsfrage nach der Bekehrung stellen kann, so dynamisch kann er doch diese selbst entfalten. Für die Rede von der Wiedergeburt, die auf typisch pietistische Weise von der Taufe gelöst und auf den bewußten Glaubensakt bezogen wird, gilt dasselbe. Beide mögen sich je nach persönlicher Geschichte auf eine herausragende Entscheidungssituation beziehen, doch darauf beschränken lassen sie sich nicht. Sie wiederholen sich vielmehr unter den pietistisch abgewandelten großen Leitgedanken der Aufklärung, von (göttlicher) Erziehung oder »Führung« und (geistlicher) Entwicklung unter dem jeweiligen Anspruch des Wortes Gottes auf unterschiedliche Weise, bis sie im Jenseits zur vollen Realität kommen.[91]

Ebenso bietet die Frage nach den Früchten des Glaubens und den Regungen des »Glaubenstriebes« steten Anlaß zur Selbstprüfung und Selbstvergewisserung. Jeder Christ könne an den Früchten, die er hervorbringt, erkennen, ob er wirklich gläubig und im Stand der Gnade sei. Eine entsprechende Selbstanalyse wird zur heiligen Aufgabe eines jeden Menschen erklärt.[92]

Statt eine möglicherweise zusätzliche Bestätigung des Glaubens zu sein, wie in reformatorischer Tradition, werden die Früchte des Glaubens zum zentralen Gegenstand intensiver Selbstbefragung und Selbstuntersuchung – und sozusagen der zweite Brennpunkt christlicher Existenz neben dem

»nackten« Glauben an den Gekreuzigten. Dies ist mit eine Folge des einseitigen Verständnisses von Rechtfertigung. Entsprechend werden zentrale neutestamentliche Ermahnungen wie Epheser 4,22 (»Legt den alten Menschen ab ...«) gelesen: nicht als Aufforderung an die Christen, ihr neues Leben als in Christus Gerechtfertigte konsequent zu leben, sondern als Aufruf, am eigenen Lebenswandel zu erkennen, ob man nun auch wirklich Christ ist oder nicht.[93] Tatsächlich gibt es nach reformatorischer Überzeugung keine außerhalb des Glaubens selbst liegende Erfahrung, die den Glauben und damit die Rechtfertigung vor Gott ins Recht oder Unrecht setzen könnte – so wichtig es auch bleibt, daß der Glaube Erfahrungen macht und Früchte trägt.

Dieser Drang nach Selbstvergewisserung des Glaubens wirkt sich auch auf die recht unverblümte und provokative Klassifizierung der Hörer aus. Hofacker teilt freimütig ein in Wiedergeborene und Nichtwiedergeborene sowie in die variabel beschreibbare Zwischenklasse derer, die auf dem Weg der Bekehrung sind.[94] Letztere spüren schon die göttlichen Gnadenzüge, haben ihnen aber noch nicht nachgegeben und sie kraft eigenen Entschlusses unterstützt. Je nach Eindruck fordert Hofacker seine Hörer durch eine entsprechend offene Anrede heraus, etwa durch den Zuruf: »Ihr schnöden Sündenknechte!«[95] Jede »Klasse« soll an ihrem Ort abgeholt und jeder sich entsprechend einordnen können. Daß er sich durch solches Klassifizieren und Unterscheiden zu einem quasigöttlichen Künder und Richter der Gedanken stilisiert, wird Hofacker aufgrund seines Kirchenverständnisses nicht zum Problem: Dieses ist auf die sichtbare Unterscheidung von Gläubigen und Ungläubigen angelegt.

»Warum ist das Licht gegeben dem Mühseligen ...« – Sterben und Tod

Das Thema vom Ausruhen an bzw. in den Wunden Jesu findet seine besondere Intensivierung in den Grabreden Hofackers.[96] Diese zeigen viel von seinen seelsorgerlichen Fähigkeiten. Hier findet sich nichts vom zuweilen dränglerischen Buß- und Bekehrungspathos der Predigten. Vielmehr wird das Motiv der christlichen Pilgerschaft auf Erden in großen traditionsreichen Bildern tröstlich entfaltet: Der Friedhof erscheint als Gottesacker, in dem die toten Leiber wie Saatkörner warten auf den Tag der Auferstehung; es wird erinnert an die Einheit der himmlischen und irdischen, der »oberen« und »unteren« Gemeinde; an das Ziel der ewigen, die ganze Natur umfassenden Sabbatruhe – und dies wird alles so gesagt, daß Trauer und Schmerz der Abschiednehmenden ebenso ernst genommen werden wie das Leiden der Verstorbenen, auf das die Angehörigen zurückblicken. Im Hintergrund steht eine rege Seelsorge am Krankenbett, die ihn schon früh zu sechs bis acht Kranken an einem Nachmittag führt.[97]

So predigt Hofacker im Jahr 1825 am Grab eines nach schwerer Krankheit verstorbenen vierunddreißigjährigen Schmiedemeisters auf eindringliche Weise über 1. Johannes 4, 16 (»Gott ist die Liebe ...«). Dabei kontrastiert er das Motiv des leidenden Hiob mit der nach menschlichem Ermessen gegenläufigen, für den Glauben fundamentalen Textaussage, um beide auf behutsame Weise mittels des Gedankens der göttlichen Erziehung zusammenzuführen und so Trost zu geben. Dabei scheint besonders das Hiobmotiv von der eigenen Leidens- und Vergänglichkeitserfahrung inspiriert: »Wie mancher liegt jahrelang auf seinem Lager und harret auf die Stunde seiner Erlösung aus diesem Jammerthal; er zählet fast jeden Glockenschlag ..., so daß man mit Hiob fragen möchte: warum ist das Licht gegeben den Mühseligen ... So liegt mancher da wochen-, monate-, jahrelang, wie es scheint, unnütz für diese Welt ...«[98]

Der Glaube realisiert sich hier in der Ergebung: »Wenn wir warten können, so stellt sich heraus, daß Gott gerade in den Widrigkeiten die Liebe war!«[99]

DIE VOLKSKIRCHE –
GEMEINSCHAFT DER HEIDEN STATT DER HEILIGEN?

Die versammelte Gemeinde wird bei Hofacker nicht primär durch Wort und Sakrament konstituiert, sondern durch das fromme Selbstbewußtsein der wenigen Bekehrten. Entsprechend gelten Hofacker auch die volkskirchlichen Gemeinden größtenteils als heidnisch, Kirche und Gemeinde werden zum Missionsfeld, der Prediger zum Missionar.[100] Die Kirche gilt ihm mehr als Gemeinschaft der Heiden denn als Gemeinschaft der Heiligen.

Diese Haltung wurzelt bei Hofacker gewiß nicht in Überheblichkeit. Im Vordergrund steht vielmehr sein Leiden an der Trägheit und Sattheit einer Beamtenkirche, die nach seinem Eindruck von ihren Pfarrern vor allem eins verlangt: kompetente Verwaltungsbeamte zu sein. Den Ernst der Evangeliumsverkündigung, die den Menschen vor ein radikales »Entweder-Oder« stellt, entweder Gott oder dem Teufel zu gehören, hat demnach die reformatorische Kirche längst zugunsten des Ideals bürgerlicher Ordnung und Wohlanständigkeit verlassen.[101] Bildung, Ämter, Titel und Würden zählen auch hier mehr als der religiöse Ernst. Oberstes Interesse der Kirchenleitung scheint daher auch, daß an der Basis keine Aufregung, kein »Rumoren« entsteht, schon gar nicht um des Evangeliums willen; man sieht den Massenzulauf zu Hofacker in der Tat mit gemischten Gefühlen. Bis weit in seine eigene Kirche hinein sieht er den Prozeß einer schleichenden Entchristlichung voranschreiten. Zugleich weiß er, daß mit dem steten Betonen von Entscheidung und Bekehrung die Erbauung der Gemeinde zu kurz kommt. Hier sieht er die Grenzen seiner Begabung als *Erweckungs*prediger, der nicht zugleich auch *Erbauungs*prediger sein und die wichtige Aufgabe der Vertiefung von Glaubenswissen übernehmen kann. Ein pietistisch verengter Erbauungsbegriff wird freilich auch hier in Rechnung zu stellen sein, der von vornherein mehr die Bekehrten als die Getauften im Blick hat. Immerhin kann Hofacker sagen: »Meine Gabe ist's, einen Eklat, ein Geräusch und Aufsehen zu machen, aber ... ich habe es schon oft im stillen gedacht: *dieses* macht wenigstens die Sache und das Wesen nicht aus. Nicht selten kommt man bei stillerem Wirken weiter und dringt noch tiefer.«[102]

Charakteristisch bleibt bei Hofacker, wie ernst er den Umkehr- und Bekehrungsruf immer auch für sich selbst genommen und in seiner Dynamik festgehalten hat. So wird ihm gegen Ende seines Lebens nach einem vergeblichen Versuch, mittels massiver Gerichtsdrohungen die Rielingshausener zu einem ernsthafteren Christenleben zu bewegen und den liegengebliebenen »Bekehrungskarren« voranzutreiben, deutlich: Es fehle ihm an Liebe zur Gemeinde, in erster Linie komme es nicht auf die Bekehrung der Leute, sondern auf seine eigene an, »und dazu wolle mir Gott helfen«.[103]

Freilich: Ein Kirchenbegriff, der, wie in der Geschichte des Pietismus nicht selten, die unsichtbare Kirche mit der Geistesgemeinschaft der Bekehrten identifiziert, ist in sich problematisch. Zwar sind aus diesem Denken wichtige Anstöße für ein ökumenisches, überkonfessionelles Bewußtsein gekommen. Doch die Frage nach der konkreten Gestaltung von Kirche als Leib Christi bleibt ohne Antwort. Pietistische Neugründungen wie Korntal (1819) sind eben doch nicht schlechthin Muster von Gemeinden, wie Hofacker meinte. Schließlich nutzt sich auch das ernsteste Rufen nach Buße und Bekehrung einmal ab – oder gefällt den Leuten gar mit der Zeit. Dann bleibt nur noch die erweckliche Pose. Mit dem Ernst des Hofackerschen Weckrufes hat dies nichts mehr zu tun.

Zur Problematik von Hofackers Kirchenverständnis gehört in reformatorischer Perspektive zweifelsohne eine gewisse

Relativierung der Sakramentspraxis in Taufe und Abendmahl, auch wenn keine Geringschätzung der Sakramente
selbst beabsichtigt ist. Beide treten jedoch unter den Vorbe-
halt einer fest umrissenen Vorstellung von Bekehrung, was
ihr Eigengewicht schwächt: Als ob die Gemeinde immer erst
zu gründen sei, die doch als geglaubte schon vorhanden ist.
Dies zeigt sich schon darin, daß Taufe und Abendmahl nicht
mehr nur als Fundamentalereignisse für Begründung und Er-
halt des christlichen Lebens herausgestellt, sondern in eine
Reihe mit anderen hilfreichen Erziehungsmitteln Gottes wie
göttlicher Führung, Gebet und brüderliche Gemeinschaft gestellt werden.[104] Vor allem die neben dem Gottesdienst ge-
sondert gelebte Glaubens- und Gebetsgemeinschaft wird im
pietistischen Sinn selbst zu einer Art Sakrament.[105] Freilich
bleibt die kirchliche Abendmahlsfeier ein zentrales Ereignis
der von geistlicher Rührung begleiteter Gottesbegegnung
und so auch von einem gewissen volksmissionarischen Wert.
Immerhin führte bei Ludwig Hofackers Bruder Wilhelm gerade der jugendliche Abendmahlsgang nach der Konfirma-
tion 1819 zu einem Bekehrungserlebnis.[106]
Auch die pietistische Betonung der individuellen Christusgemeinschaft der Bekehrten tat bei Hofacker selbst und seinem
Umfeld der Hochschätzung des recht gefeierten Abendmahls
keinen Abbruch. Sie führt vielmehr immer wieder zu einer
beachtlichen Intensivierung der Abendmahlsfrömmigkeit
ganz im Zinzendorfschen Sinn der leiblich gefeierten Christusgemeinschaft.[107]

1999
2000
Gesamtverzeichnis

Ernst Franz
und Sternberg
Verlag

Bücher zur Lebens- und Glaubenshilfe

Arnold, Johann Christoph: *Die reinen Herzens sind.* Liebe und Ehe im Sinne des Erfinders. Geleitwort von Mutter Teresa.
176 Seiten, Paperback   DM 18,80

– *ihnen gehört das Himmelreich.* Kinder erziehen und ins Leben begleiten.
204 Seiten, Paperback   DM 19,80

Basham, Don: *Befreie uns vom Bösen.*
208 Seiten, Paperback   DM 19,80

Bennett, George: *Das Wunder von Crowhurst oder Der Heilungsauftrag Jesu.*
2. Auflage,
112 Seiten, Paperback   DM 11,80

– *Heilung – Jesu Auftrag an seine Kirche.* Band 1: Wegweisung für den biblischen Dienst. Herausgegeben von Dr. Wolfgang Bittner.
208 Seiten, Paperback   DM 19,80

Benz, Martin: *Wenn der Geist fällt.* Das ungewöhnliche Wirken des Heiligen Geistes – einst und jetzt. Mit einem Anhang von Martin Bühlmann.
208 Seiten, Paperback   DM 19,80

Berger, Karl Friedrich: *Einzelgänger?* Briefe an einen frustrierten jungen Mann.
96 Seiten, Paperback   DM 9,80

Bezzel, Hermann: *Auf rechter Straße.* Grundfragen des Glaubens. Herausgegeben von Heinrich Kemner.
136 Seiten, Paperback   DM 12,80

Blumhardt, Christoph: *…damit Gott kommt.* Gedanken aus dem Reich Gottes. Herausgegeben von Dr. Wolfgang J. Bittner.
240 Seiten, Paperback fPS. DM 14,80

Braun, Joachim: *Der Tod liegt hinter uns.* Eine biblische Besinnung.
40 Seiten, 9 Bilder, kart.   DM 5,80

Christenson, Larry: *Komm, Heiliger Geist!* Informationen, Leitlinien, Perspektiven zur Geistlichen Gemeindeerneuerung.
380 Seiten, Paperback   DM 39,80

Dam, Willem C. van: *Der in euch ist stärker.* Der Mensch zwischen Licht und Finsternis.
144 Seiten, Paperback   DM 14,80

Dam, Willem C. van: *Seelsorge in der Kraft des Geistes.* 4. Auflage,
128 Seiten, Paperback   DM 12,80

Ecke, Karl: *Fortsetzung der Reformation.* Kaspar von Schwenckfelds Schau einer apostolischen Reformation.
144 Seiten, Paperback   DM 14,80

Frick, Hermann: *Östliche und westliche Meditation oder christliche Innerung.*
162 Seiten, engl. brosch.   DM 14,80

Haug, Richard: *Neues Leben aus dem Geist?* Anfrage an die charismatische Erneuerungsbewegung.
48 Seiten, kart.   DM 5,80

Hauß, Friedrich: *Schule des Gebets.* Die Bibel lehrt uns beten. Neu bearbeitet und erweitert von Martin Hauß.
240 Seiten, Paperback   DM 19,80

Hermann, Werner: *Was ich dir zumuten möchte.* Briefe an meinen Freund, den Pfarrer.
112 Seiten, Paperback   DM 14,80

Kelsey, Morton: *Lieben lernen.* Eine Anleitung für Helfer und Hilfesuchende.
224 Seiten, Paperback   DM 22,80

– *Schritte auf dem Weg zu neuem Leben.* 20 Meditationen für Christen.
120 Seiten, Paperback   DM 11,80

Kirschnereit, Kurt: *Ich weiß woran ich glaube.* Ein Lehr- und Lernbuch nach Martin Luthers Kleinem Katechismus.
312 Seiten, Paperback   DM 28,–

Kleinschmidt, Karl / **Frick,** Hermann: *Die Homöopathie und ihre religiösen Gegner im Blickfeld medizinischen Wissens und christlichen Glaubens.* 2. Auflage,
128 Seiten, Paperback   DM 15,80

Larson, Bruce: *Keiner soll mehr draußen stehen.* Für eine Partnerschaft zwischen Mensch und Gott.
144 Seiten, Paperback   DM 11,80

Lawrence, Roy: *Wirkungen göttlicher Kraft.* Heilungsberichte aus einer Gemeinde.
128 Seiten, Paperback   DM 10,80

Bruder Lorenz: *Allzeit in Gottes Gegenwart.* Briefe, Gespräche und Schriften, mit der Lebensbeschreibung von Gerhard Tersteegen. 3. Auflage,
120 Seiten, gebunden   DM 14,80

Goldregen-Verteilhefte

Erzählungen und Lebensbilder für Jugend und Erwachsene. Umfang 24–40 Seiten, Heftpreis DM 2,–

Mengenpreise: ab 25 Hefte DM 1,95; ab 50 Hefte DM 1,90; ab 100 Hefte DM 1,85; ab 250 Hefte DM 1,80

5 Johannes Weißinger:
D' Bas' Schmiede

6 Nach Gottlob Mayer:
s'Ameile

10 Bernhard Reusch:
Der arme Graf und der reiche Köhler

20 Elisabeth Oehler-Heimerdinger:
Der Schneiderhannes

21 Elisabeth Oehler-Heimerdinger:
Die Annemrei von Weil

30 Anna Katterfeld:
Der Engel aller Hütten. Luise Scheppler, die Gehilfin Oberlins

32 Friedrich Baun:
Schulmeister Kolb von Dagersheim

39 Hannah Müller:
Adelheid – Kleines Lebensstück

48 Rainer List:
Unverzagt und ohne Grauen

50 Friedrich Baun:
Der Glemsermarte

51 Friedrich Baun:
Der Karle von Beuren

59 Christian Gollmer:
Ein Soldatenleben in Krieg und Frieden

60 Werner Krause:
Mutter, ich werde Dich nie vergessen.
Der Weg des Pastors Christian Jensen

63 Rainer List:
Johann Jakob Kuhn in Zainingen

67 Werner Krause:
Der Weg nach Bethel

73 Margarete Fritzsche:
Georg Carver –
ein Werkzeug in Gottes Hand

74 Elisabeth Oehler-Heimerdinger:
Marie Gemsenjäger

75 Margarete Fritzsche:
Georg Müller, der Waisenvater von Bristol

76 Hildegard Schlunk:
Erinnerungen an eine Nachbarschaft

77 Siegfried Weissinger:
Erlebte Weihnachten

78 Albert Schweitzer:
Zwei Geschichten aus Lambarene

Verlag Ernst Franz · Postfach 1262 · 72543 Metzingen
Hausanschrift: Industriestraße 8 · 72585 Riederich
Telefon 0 71 23 / 93 89-22 · Telefax 0 71 23 / 93 89-20
E-Mail: Franz-Verlag@t-online.de

Pietismus und Erweckungsbewegung

MacNutt, Francis: *Die Kraft zu heilen.* Sonderausgabe, 6. Auflage, 228 Seiten, gebunden   DM 24,80

MacNutt, Francis und Judith: *Beten für das ungeborene Kind.* 2. Auflage, 160 Seiten, Paperback   DM 19,80

Manning, Brennan: *Kind in seinen Armen.* Gott als Vater erfahren. 176 Seiten, Paperback mit Klappenbroschur   DM 24,80

Masuch, Herbert: *So machten sie es!* Das Erfolgsgeheimnis dynamischer Christen. Reihe Lebens-Reformation Band 1. 224 Seiten, Pb.   DM 24,–

– *Charismatisch – pro und contra?* Ein offenes Wort zur lähmenden Kontroverse. Band 2 224 Seiten, Paperback   DM 24,–

– *Pflüget ein Neues!* Grundlagen für einen Neuanfang. Band 3 216 Seiten, Paperback   DM 24,–

Morel, Alexander: *Was mich der Schmetterling lehrt.* 11. Auflage, 64 Seiten, broschiert   DM 6,80

Raupp, Werner: *Gelebter Glaube.* Erfahrungen und Lebenszeugnisse aus unserem Land. Geleitwort von D. Theo Sorg. 400 Seiten, mit vielen Bildern, Leinen   DM 38,–

Renshaw, Norman: *Zur Freiheit geboren.* 96 Seiten, Paperback   DM 9,80

Steinacker, Hans: *Fundsachen.* Ein kleines Sammelsurium aus dem Reich Gottes. 128 Seiten, 12 Farbbilder, gebunden,   DM 22,50

Tari, Mel: *Wie ein Sturmwind.* Aufbruch in Indonesien. 7. Auflage, 128 Seiten, Paperback   DM 12,80

Theiss, Dieter: *Mit Jesus durch die Endzeit.* Eine zeitkritische Orientierung für Glaubende. 144 Seiten, Paperback   DM 16,80

Yancey, Philip: *Gnade ist nicht nur ein Wort.* Wie Gottes Güte unser Leben auf den Kopf stellt. 288 Seiten, Paperback   DM 29,80

– *Von Gott enttäuscht.* Durch Leiden an Gott in der Liebe zu ihm wachsen. 2. Auflage, 256 Seiten, Pb.   DM 24,–

Beck, Julius: *Reihe Vätererbe.* Jedes Heft   DM 4,50

Heft 1: Der erste Mensch und seine göttliche Würde. 48 Seiten.

Heft 3: Der Mensch unter dem Fluch. 64 Seiten.

Heft 5: Der Verklärungsweg Jesu und unser Weg. 48 Seiten.

Heft 6: Von der Offenbarung im Sohn 56 Seiten.

Heft 7: Die Offenbarung des Sohnes in der Schöpfung. 48 Seiten.

Heft 8: Die Schöpfung, ein Abbild der Herrlichkeit Gottes. 64 Seiten.

Bengel, Johann Albrecht: *Die Offenbarung des Johannes.* 132 Seiten, Paperback   DM 12,80

Biedermann, Willi (Hrsg.): *Mit Schulmeister Kolb durchs Kirchenjahr.* 365 Betrachtungen und Gedanken für alle Tage von Immanuel Gottlieb Kolb. 200 Seiten, gebunden   DM 19,80

Blumhardt, Johann Christoph: *Ausgewählte Schriften.* Ausgewählt von Otto Bruder, neu herausgegeben und eingeleitet von Dr. Wolfgang J. Bittner. Band 1: Schriftauslegung, Band 2: Verkündigung, Band 3: Seelsorge, Kassette mit 1080 Seiten   DM 35,–

Brecht, Martin (Hg.): *Gott ist mein Lobgesang.* Friedrich Philipp Hiller, der Liederdichter des württembergischen Pietismus. 240 Seiten, Paperback   DM 24,–

Breymeyer, Reinhard / **Buck,** Karl (Hrsg.): *200 Jahre Kullenstunde in Hülben* (1768–1968). 2. Auflage, 72 Seiten m. 8 Bildern, brosch. DM 6,80

Duncker, Christoph: *Originales und Orginelles aus Flattichs Brieftruhe.* 96 Seiten, mit vielen Zeichnungen und Bildern, gebunden   DM 12,80

Hahn, Philipp Matthäus: *Fingerzeig* zum Verständnis des Königreichs Gottes und Christi. Betrachtungen. 160 Seiten, gebunden   DM 19,80

– *In Erwartung der Königsherrschaft Christi.* Aus den Tagebüchern. In Verbindung mit Gerhard Schäfer herausgegeben von Rudolf Paulus. 264 Seiten, gebunden   DM 26,–

Haug, Richard: *Johann Christoph Blumhardt – Gestalt und Botschaft.*
120 Seiten, Paperback   DM 14,80

Hiller, Philipp Friedrich: *Geistliches Liederkästlein.* 16. Auflage,
XVI/874 Seiten, Leinen   DM 35,–

Kirn, Hans-Martin: *Ludwig Hofacker.* Reformatorische Predigt und Erweckungsbewegung.
96 Seiten, Paperback   DM 12,80

Kuder, David: *Das Leben ist erschienen.* Erbauungsstunden über den 1. Johannesbrief. 5. Auflage,
136 Seiten, Efalin   DM 12,80

Mayer, Friedrich: *Der die Gottlosen gerecht macht.* Tägliche Andachten.
384 Seiten, Leinen   DM 28,–

– *Immanuel.* 1. Band. Aus den Tagebüchern. 416 Seiten, Leinen   DM 28,–

– *Immanuel.* 2. Band. Aus Tagebüchern und Briefen.
408 Seiten, Leinen   DM 28,–

– *In der Schule Jesu.* ABC der heiligen Erkenntnis. 3. erweiterte Auflage,
180 Seiten, Leinen   DM 14,–

– *Licht auf dunklem Wege.* Ausgewählte Worte.
4. Auflage, 64 Seiten, kart.   DM 3,–

– *Die Neuschöpfung.* Grundriß der christlichen Erkenntnis, dargestellt an den Zentralgedanken von Lehrern der Wahrheit.
567 Seiten, Leinen   DM 30,–

Oetinger, Friedrich Christoph: *Etwas Ganzes vom Evangelium.* Friedrich Christoph Oetingers heilige Philosophie. Ein Brevier, ausgewählt und zusammengestellt von Guntram Spindler, Geleitwort Otto Betz.
XLII/486 Seiten, Leinen   DM 48,–

– *Epistelpredigten.*
XVI/536 Seiten, Leinen   DM 40,–

– *Herrenberger Evangelienpredigten.* 7. Auflage, 628 Seiten, Leinen   DM 40,–

– *Murrhardter Evangelienpredigten.* 8. Auflage, 564 Seiten, Leinen   DM 44,–

– *Weinsberger Evangelienpredigten.*
XVI/752 Seiten, Leinen   DM 44,–

Rau, Wilhelm: *Dem Tag entgegen.* Das Zeugnis Philipp Matthäus Hahns vom Königreich Jesu.
96 Seiten, kart.   DM 11,80

Rudert, Erwin: *Ich will von Blumhardt lernen, daß Jesus Sieger ist.* Leben und Werk von Joh. Chr. Blumhardt.
7. Auflage, 124 Seiten, br.   DM 12,80

Schäfer, Gerhard/**Horkel**, Wilhelm: *Gott hat mein Herz angerührt.* Ein Bengel-Brevier. 176 Seiten, geb.   DM 19,80

Schneider, Dieter: *Hoffen auf den Geist.* Die Botschaft von Johann Christoph Blumhardt für unsere Zeit.
96 Seiten, kart.   DM 9,80

ZEUGNISSE
DER SCHWABENVÄTER

eingeleitet und herausgegeben von Dr. theol. Julius Roessle

Bengel, Johann Albrecht: *Du Wort des Vaters, rede du!* Ausgewählte Schriften, Predigten und Lieder. (Band VI)
160 Seiten, Leinen   DM 14,80

– *In der Gegenwart Gottes.* Bekenntnisse und Zeugnisse. (Band VII)
160 Seiten, Leinen   DM 14,80

Fricker, Johann Ludwig: *Weisheit im Staube.* (Band V)
164 Seiten, Leinen   DM 14,80

Hahn, Michael: *Gotteserkenntnis und Heiligung.* Aus seinen Betrachtungen, Briefen und Liedern. Herausgegeben von Dr. Gerhard Schäfer. (Band XIV/XV)
284 Seiten, Leinen   DM 28,–

Hahn, Philipp Matthäus: *Die gute Botschaft vom Königreich Gottes.* Eine Auswahl. (Band VIII)
164 Seiten, Leinen   DM 14,80

Hiller, Philipp Friedrich: *Das Wort und Christus in dem Wort.* Ausgewählte Betrachtungen und Lieder. Eingeleitet und herausgegeben von I. Weth. (Band XII)
180 Seiten, Leinen   DM 14,80

Rennstich, Karl: *»Nicht jammern, Hand anlegen!«* Christian Friedrich Spittler – sein Leben und Werk. 184 Seiten, 30 Bilder, engl. Broschur DM 19,80

Schneller, Hermann: *Johann Ludwig Schneller.*
64 Seiten, engl. brosch.   DM 6,80

Schulz, Christoph: *Maria Sprenger, eine Mutter für viele.* Stationen ihres Lebens von Basel bis Dinglingen.
64 Seiten, kart.   DM 5,80

Stöckle, Johannes: *Du warst mir fremd, jetzt bist du mein Bruder.* Als Missionar in Afrika. Geleitwort: Bischof Eberhardt Renz; Nachwort: Dr. Gerhard Raff.
208 Seiten, 40 Farb- und 20 s/w-Bilder, Paperback   DM 28,–

Tucker, Ruth A.: *Bis an die Enden der Erde.* Missionsgeschichte in Biographien. Herausgegeben und ergänzt von Prof. Karl Rennstich. 480 Seiten, 61 Bilder, 6 Karten, Leinen DM 48,–

Verborgener Reichtum. Bilder aus der Welt stiller Menschen.
Band I: 9. Auflage,
192 Seiten, gebunden   DM 19,80

Wehr, Gerhard: *Herausforderung der Liebe.* Johann Hinrich Wichern und die Innere Mission.
96 Seiten, 17 Bilder, Pb.   DM 9,80

Weissinger, Siegfried: *In meine Zeit kommt Ewigkeit.* Gedanken und Erinnerungen eines Pastors.
96 Seiten, Paperback   DM 9,80

Wense, Sabine von der: *Dein ist der Tag und dein ist die Nacht.* Von der Astrologie zum christlichen Glauben.
2. Aufl., 144 Seiten, Pb.   DM 14,80

Weth, Irmgard: *Jesus Christus herrscht als König.* Philipp Friedrich Hiller und seine Botschaft.
32 Seiten, 10 Bilder   DM 5,–

Weyer-Menkhoff, Martin: *Friedrich Christoph Oetinger.* 176 Seiten,
61 Bilder, Paperback   DM 15,80

Wichmann, Erna: *Wechselnde Pfade – Schatten und Licht.* Aus dem Kriegs- und Nachkriegserleben einer Pfarrfrau.
96 Seiten, Paperback   DM 9,80

Betz, Otto: *Licht vom unerschaffnen Lichte.* Die kabbalistische Lehrtafel der Prinzessin Antonia in Bad Teinach. 108 Seiten, 50 Farbbilder, geb.   DM 48,–

Blasinski, Marianne: *Marie Schlei – Vom Arbeiterkind zur Ministerin.* Geleitwort: Loki Schmidt. 240 Seiten mit 12 Bildern, Paperback   DM 24,–
– *(M)eines braven Vaters Geschichte.* Ein Hinterpommer in Berlin.
204 Seiten, Paperback   DM 19,80

Brants, Walter: *Achalm.* Erinnerungen an einen unvergleichlichen Berg. Mit Zeichnungen und Holzschnitten von HAP Grieshaber, Paul Jauch und anderen. ca. 96 Seiten,
englische Broschur   ca. DM 19,80

Brenner, Gerhard: *Die unsichtbare Kraft.* Eine fantastische Geschichte für junge Leute. Band I: MONIKA, Band II: CARON. je 112 S., Pb. DM 10,80

Camerer, Walter: *Weit ist der Weg zurück...* Erlebnisse eines Arztes in sibirischer Gefangenschaft. 3. Auflage, 96 Seiten, Paperback DM 14,80

Chapowaloff, Anastasia Vera: *Geschenktes Leben.* Flucht aus der russischen Heimat. 424 S., Paperback. DM 28,–

Christiansen, Chris: *Hoffnung hinter Stacheldraht.* Hilfe für Kriegsgefangene – Erinnerungen eines CVJM-Sekretärs 1942 – 1948. Geleitwort Ulrich Parzany. 160 Seiten, 10 Abbildungen, Paperback   DM 19,80

Koppenhöfer, Heinz: *Altäre Ulmer Meister.* Kleinode in Dorfkirchen der Schwäbischen Alb. 108 Seiten, 75 Farbbilder, gebunden   DM 48,–

Krupp, Michael: *Zionismus und Staat Israel.* Ein geschichtlicher Abriß. GTB 1070. 2. Auflage, 224 Seiten, 2 Landkarten, Paperback   DM 14,80

Matthews, John: *Es gibt kein Unmöglich!* Rock, Drogen, Kriminalität und doch ein Weg aus der Sackgasse.
240 Seiten, Paperback   DM 28,–

Schäfer, Gerhard: *Vom Lernen aus der Geschichte.* Reden bei der Verleihung des Schillerpreises. 24 Seiten, kart. DM 5,–

Weissenfels, Elisabeth: *Die fremde Katze.* Bauernzeit in Hinterhalden – Lebenserfahrungen. 2. Auflage,
264 Seiten, gebunden   DM 28,–

Mayer, Friedrich: *Das Leben Jesu.* Anmerkungen zu den vier Evangelien. 2. Aufl., 664 Seiten, Leinen DM 30,–

Müller, Michael: *Abrahams Geschichte –* schwäbisch erzählt. 72 Seiten, kart.   DM 7,80

Mumford, Bob: *Das verheißene Land und der Weg durch die Wüste.* Über die Versuchung im Christenleben. 128 Seiten, Paperback   DM 12,80

Reiswitz, Wenzel von: *Ich mache alles neu.* Das letzte Buch der Heiligen Schrift. Mit einem Geleitwort von Dekan Kurt Hennig. 200 Seiten, Paperback   DM 19,80

Reusch, Bernhard: *Die Geschichte von Mose auf schwäbisch erzählt.* 2. Auflage, 72 Seiten, kart. DM 7,80

– *Die Josefsgeschichte auf schwäbisch erzählt.* 3. Auflage, 64 Seiten, kart. DM 7,80

– *Geschichten um Elia und Elisa.* Auf schwäbisch erzählt nach Bernhard Reusch. 72 Seiten, kart.   DM 7,80

Toaspern, Paul: *In der Schule des Heiligen Geistes.* Biblische Aussagen – heutige Erfahrungen. 160 Seiten, Paperback   DM 16,80

Wagner-Groben, Karl: *Vom Tabor bis Golgatha.* Betrachtungen zu dem Leidensweg Christi. 12. Auflage, 196 Seiten, Paperback   DM 14,80

Busch, Wilhelm: *Geborgen in unsichtbaren Händen.* Erlebnisbericht aus dem Zweiten Weltkrieg. 2. Auflage, 48 Seiten, kart. DM 5,80

Coomes, Anne: *Festo Kivengere – Gottes Bote für Afrika.* 192 Seiten, Paperback   DM 19,80

Dam, Willem van: *Sie trugen die Fackel weiter.* Zwanzig Männer und Frauen, die sich von Gottes Geist bewegen ließen. 172 Seiten mit 15 Bildern, Paperback   DM 16,80

Ditzenbach, Elisabeth: *Geliebte Mirjam.* 3. Auflage, 136 Seiten, Pb. DM 16,80

– *Meine Not ist mein Glück.* Neun weitere Jahre aus dem Tagebuch einer Familie. 168 Seiten, Paperback   DM 12,80

Eberlein, Paul Gerhard: *Ketzer oder Heiliger? Caspar von Schwenckfeld, der schlesische Reformator und seine Botschaft.* 248 Seiten, 40 Bilder, 8 Farbtafeln, Paperback   DM 28,–
gebunden   DM 35,–

Gall, Dora: *Nicht umsonst vertraut.* 12. Auflage, 188 Seiten, kartoniert   DM 16,80

Heim, Friedrich: *Auf festem Grund.* Die Geschichte meiner Familie durch zwei Jahrhunderte. 136 Seiten, Paperback   DM 11,80

Kurrle, Bernhard: *Gottes menschliche Spuren.* Kurzgeschichten. 96 Seiten, 10 Bilder, br.   DM 10,80

Kurtz, John W.: *Johann Friedrich Oberlin.* Sein Leben und Wirken. 262 Seiten, 19 Bilder und 2 Farbtafeln, 2. erweiterte Auflage, gebunden   DM 26,–

Oehler-Heimerdinger, Elisabeth: *Paul Bettex.* Von der Lebensfahrt eines Abenteurers Christi. Neuausgabe, 128 Seiten, Paperback   DM 12,80

Paulus, Dr. Rudolf: *Beate Paulus – Was eine Mutter kann.* Nach alten Quellen neu erzählt. 4. Auflage, 304 Seiten, gebunden   DM 26,–

Reinhardt, Karoline: *Laß dir an meiner Gnade genug sein.* Aus dem Tagebuch von Karoline Reinhardt. 304 Seiten, Leinen   DM 14,50

Kolb, Immanuel Gottlieb: *Gedenket an eure Lehrer!* Ausgewählte Gedanken, Betrachtungen und Briefe. Herausgegeben von R. Baumann. (Band XIII)
168 Seiten, Leinen   DM 14,80

Oetinger, Friedrich Christoph: *Selbstbiographie.* Genealogie der reellen Gedanken eines Gottesgelehrten. (Band I) 3. Auflage, 148 Seiten,
Leinen   DM 14,80

– *Die Weisheit auf der Gasse.* Aus den theologischen Schriften. (Band II)
164 Seiten, Leinen   DM 14,80

– *Heilige Philosophie:* Ausgewählte Gedanken zum Verständnis der Schrift. (Band III)
172 Seiten, Leinen   DM 14,80

Rieger, G. K. / **Brastberger,** I. G.: *Predigten und Zeugnisse.* (Band IX/X)
212 Seiten, Leinen   DM 15,80

Bücher zum Schriftverständnis

Auer, Eberhard Gottfried: *Der dritte Tag.* Nach den Auferstehungsakten der Evangelien. Geleitwort: Helmut Gollwitzer. 80 Textseiten, 4 Bildseiten, kart.   DM 9,80

– *Vom dritten Tag zum Tag des Herrn.* Das Zeugnis vom Grab des Messias.
96 Seiten, kart.   DM 9,80

Bittner, Wolfgang J.: *Bist du es Gott?* Über Liebe, Leid, Ungerechtigkeit. Biblische Steine auf dem Weg durch unsere Zeit. 2. Auflage,
144 Seiten, Paperback   DM 14,80

Lämmer, Stefan: *Lebensspuren.* Was wir über den historischen Jesus wissen. Geleitwort von Theo Sorg.
176 Seiten, Paperback   DM 16,80

Lamparter, Helmut: *Die Hoffnung der Christen.* Das Ende der Welt und die Wiederkunft Christi. 3. Auflage,
240 Seiten, Paperback   DM 19,80

Lamparter, Helmut: *Lichter des Himmels inmitten der Welt.* Reden über den Brief des Paulus an die Philipper.
2. Auflage, 84 Seiten, kart.   DM 7,50

– *Von des rechten Glaubens Trost.* Reden über das 11. und 12 Kapitel des Hebräerbriefs.
3. Auflage, 82 Seiten, kart.   DM 7,50

Landes, Jakob: *Erfüllte Prophetie in der Geschichte.* Die Sprache Gottes im Weltgeschehen.
136 Seiten, kart.   DM 14,80

Langenberg, Heinrich: *Apokalypse aktuell.* Ein Schlüssel zum Verständnis der Offenbarung. Neu bearbeitet und ergänzt von Karl Layer und Erich Lubahn. 208 Seiten, Pb.   DM 19,80

– *Biblische Begriffskonkordanz.* Biblische Grundbegriffe heilsgeschichtlich und konkordant erklärt. 8. Auflage,
544 Seiten, Leinen   DM 40,–

– *Das hörende Herz.* Wie wird lebendiger Glaube? 3. Auflage,
96 Seiten, Paperback   DM 9,80

– *Die prophetische Bildsprache der Apokalypse.* Erklärung sämtlicher Bilder der Offenbarung. 3. Auflage,
312 Seiten, gebunden   DM 35,–

Layer, Karl: *Israel – ein Lehrbuch für Christen.* Was wir am Feigenbaum lernen können. 2. Auflage,
160 Seiten, Paperback   DM 14,80

Luther, Ralf: *Neutestamentliches Wörterbuch.* Eine Einführung in Sprache und Sinn der urchristlichen Schriften. Auf der Grundlage des Originaltextes neu durchgesehene und ergänzte Ausgabe
300 Seiten, Paperback   DM 28,–

Mayer, Friedrich: *Führungen Gottes im alten Bund.* 2. Auflage,
632 Seiten, Leinen   DM 25,–

– *Die Gerechtigkeit aus dem Glauben – der rechtschaffene Glaube.* Betrachtungen über den Galaterbrief und Jakobus-Brief. 168 Seiten, Leinen   DM 14,–

– *Der Grund der Propheten.* (Teil II) Betrachtungen über die Propheten Jona, Micha und Maleachi.
80 Seiten, Efalin   DM 6,50

Die Frist

Als Erweckungsprediger wäre Hofacker unvollständig charakterisiert, wenn nicht auch seine lebendige Endzeiterwartung angesprochen würde. Ob man hierbei dem von Johann Albrecht Bengel auf das Jahr 1836 berechneten Anbruch des Tausendjährigen Reiches so große Bedeutung beimessen muß, ist meines Erachtens fraglich. Gewiß zeigt Hofacker an der hier maßgeblichen Auslegung der Offenbarung des Johannes einiges Interesse, so etwa an einer zeitgenössischen, mathematisch-astronomisch untermauerten Datierung der Rückkehr der Juden nach Palästina auf das Jahr 1828. Hofacker bleibt aber nicht nur öffentlich, sondern auch gegenüber den Freunden erkennbar distanziert: »Wir wollen warten, was da kommt und die wirkliche Ruhezeit gut anwenden, zur Gründung auf Christum.«[108] Wichtiger für Hofacker und seine Freunde dürfte die grundlegende Überzeugung sein, in einer ihrem Ende entgegengehenden Welt zu leben. Dies bildet sich ab im Gedanken der individuell und kirchlich zu nutzenden Gnadenfrist.[109]

Als Prediger weiß sich Hofacker dem nun weltweit verkündigten »ewigen Evangelium« verpflichtet, das der Engel von Offenbarung 14,6f. im Munde führt: »Fürchtet Gott und gebt ihm die Ehre.«[110] Die besondere Aufmerksamkeit, die den zentralen Anliegen der Mission, insbesondere auch der Judenmission, und der Bibelverbreitung zukommt, wurzelt ebenso wie die Überzeugung von einer zunehmend gott- und sittenloser werdenden Welt in einem ausgeprägten Endzeitdenken, das mit dem Gefühl apokalyptischer Zeitbeschleunigung einhergeht.[111]

WIDER DEN OPTIMISMUS

Hofacker tritt als kraftvoller Prediger gegen den zeittypischen Fortschrittsglauben und die Hoffnung auf sittliche Perfektionierung des Menschen auf. Dies zeigt besonders deutlich sein Sündenverständnis: Die Sünde wird in reformatorischer Schärfe radikal als überindividuelle Macht gesehen, der gegenüber es für den natürlichen Menschen keinen Spielraum gibt. Gegen die aufklärerisch-optimistische Nivellierung der traditionellen Erbsündenlehre wird die Sünde als Fluch und Bann ernst genommen, die Gottebenbildlichkeit gilt mit dem Sündenfall als praktisch verloren.[112] Appelle an Besserung und mehr Gottes- und Nächstenliebe machen somit keinen Sinn. So kann Hofacker seinen Hörern vorhalten: »Ihr tugendhaften Leute, ihr seid der Hölle viel näher, als ihr meint!« Dem einzelnen wird drastisch zugerufen: »Das Sündengift durchfrißt deinen Leib und deine Seele!«[113] Wer hier aus eigener Kraft heraus will, bringt es vom hochmütigen Sünder allenfalls zum hochmütigen Heiligen – eben zum moralisch besseren Menschen, was alles nur noch schlimmer mache.[114]

Die Gefahr der Überschätzung des moralischen Vermögens sieht Hofacker gerade auch in *den* Zweigen des Pietismus, die einen besonderen Wert auf Vervollkommnung und Heiligung legen. Er denkt hier besonders an die sogenannten Michelianer, die Anhänger Michael Hahns. Über den Stand des armen Sünders kommt man nach Hofacker eben nicht hinaus. Diese durchaus reformatorische Radikalität kommt aber praktisch nicht voll zur Geltung.

Im konkreten Lebenszusammenhang wird das Brechen der Sündenmacht meist ganz auf die individuelle asketische Moral des »anderen Lebensstils« reduziert, so etwa in der typisch pietistischen Abkehr von den sogenannten unschuldigen Freuden des Lebens wie dem beliebten Tanzen bei Kirchweih, Hochzeiten und anderen Feierlichkeiten. Zwar werden diese besonderen Verhaltensideale wie meist im pietistischen Kontext weniger prinzipiell als praktisch-pädagogisch begründet, doch bleibt auch bei Hofacker der gesetzliche Grundzug unverkennbar.[115] Dabei zeigt der Briefwechsel mit den Freunden, daß er sich des eigentlichen Problems durchaus bewußt war: Was ist erreicht, wenn die Tanzlustigen »mich und den Heiland für einen Moses halten ...?« Und weiter: »... wenns dann die Leute unterlassen um des Pfarrers, nicht um des Herrn willen, was ist dann gewonnen? Antwort: nichts, denn sie sind dann eben Heuchler. Lasset uns nur recht schonend mit den Gewissen der Menschen umgehen.«[116]

Zugleich läßt Hofacker keinen Zweifel daran, daß er die Tanzlustigen nicht wirklich für Christen hält. Hier greift sein exklusiver Kirchenbegriff: In einer Gemeinde wahrer Christen wie zum Beispiel Korntal kamen derart leichtfertige Vergnügungen ohnehin nicht in Frage, da sie sich allein kraft der Autorität des Wortes Gottes verbieten ließen.[117]

Die in der Frage des Tanzens sichtbare Angst vor Phantasie und Leidenschaft als Einfallstor des sündigen Weltlebens (»Fleischeslust«, »Augenlust«) zeigt sich wie in weiten Teilen des Pietismus auch bei Hofacker im skeptisch-ablehnenden Verhältnis zur Kunst, besonders zur weltlichen Dichtung. Als symptomatisch kann die frühe Episode gelten, die Albert Knapp berichtet: Als er Hofacker bei einem Besuch zu Anfang seiner Krankheit voller Begeisterung Jean Pauls (1762-1825) Lobesworte über Johann Gottfried Herder (1744-1803) in der »Vorschule der Ästhetik« vorgelesen hat, will dieser sich partout nicht erheitert zeigen. Statt dessen entgegnet er: »Lieber Freund, das alles wäre ganz schön und erhaben, wenn Herder nur nicht ein armer Sünder gewesen wäre!« Hofackers Mutter rettete die Situation nach Knapps

Bericht, indem sie dem Ratlosen das Vorlesen aus der Johannes-Offenbarung empfahl.[118]

Es zeigt sich hier, daß neben Jakob Böhme auch empfindsam-romantische Neigungen den Weg zum Pietismus bahnten, ein bei so manchem Dichter des Sturm und Drang und der Romantik, der aus pietistischem Erziehungskontext kam – man denke nur an Goethe und Novalis –, umgekehrt verlaufener Prozeß.

Eine ähnliche Grundhaltung zeigt auch der an sich poetischer veranlagte Bruder Wilhelm, der sich noch lange skrupulös wegen der »unreinen Lektüre« einiger Wielandscher Romane in seiner Gymnasiastenzeit plagte.[119]

Obrigkeits- und sozialkritische Töne hören wir bei Hofacker nicht. Der Weg ist trotz aller Neuansätze individualistisch verengt, die Bahn frei für die anstehende Koalition der jungen Erweckungsbewegung mit den staats- und kirchenpolitisch konservativen und antiliberalen Kräften und mit der sich erneuernden konfessionellen Orthodoxie. Nicht zu verkennen ist freilich das reformerische Potential, das die Erweckungsbewegung im Gefolge älterer pietistischer Aktivitäten auf dem Feld der Diakonie entfaltete. Ihre Vertreter trugen wesentlich dazu bei, Württemberg zum klassischen Land der Rettungshausbewegung im 19. Jahrhundert zu machen. Gerade das von Hofacker bewunderte Korntal hatte frühe Schritte zugunsten armer und vernachlässigter Kinder getan.[120]

Bei Hofacker zeigt sich die konservativ-antiliberale Weichenstellung besonders deutlich in der pauschalen Verwerfung der Aufklärungszeit und ihrer Theologie. Hier wird trotz des richtigen Gespürs für problematische Einseitigkeiten des aufklärerischen Intellektualismus ein Feindbild kultiviert, das so nicht der Vielschichtigkeit der Epoche entspricht und ihrem Anliegen nicht gerecht wird. Schon die großen Einzelgestalten des frühen Erweckungspietismus im Übergang zum 19. Jahrhundert wie Johann Heinrich Jung-Stilling haben wie die Vertreter der einflußreichen Basler Christentumsgesellschaft mit der polemischen Alternative von gottloser Aufklärungskritik und biblischem Offenbarungsglauben gearbeitet.[121] Aus der berechtigten Kritik an der Selbstherrlichkeit der Vernunft gegenüber Gott wird die ganz und gar unberechtigte Kritik an jeder denkerischen Verantwortung des Glaubens, die über das unmittelbar für biblisch Erachtete hinausgeht.

Dies trifft schließlich nicht nur die kritische Aufklärungstheologie im engeren Sinn, also die historische Bibelkritik und die von der sogenannten Neologie[122] seit der Mitte des 18. Jahrhunderts ausgehende Entwicklung mit ihrer pointiert ethisch orientierten Umformung der traditionellen kirchlichen Lehre, sondern auch die konservative Tübinger Theologie der Zeit aus der Schule Gottlob Christian Storrs (1746-1805). Dabei hatte gerade Storr die Herausforderungen der epochalen Umwälzung des Denkens durch die Philosophie Immanuel Kants produktiv aufgenommen, mochte man über den Erfolg auch geteilter Meinung sein. Selbst der Hofacker wohlgesonnene pietistische Tübinger Theologieprofessor Johann Christian Steudel (1779-1837), ein Storr-Schüler, kritisierte Hofackers Ausfälle gegen die neologische Aufklärungstheologie in der erwecklichen Predigt als störend und überflüssig. Dieser ließ sich nicht überzeugen, sah er doch in seiner Einseitigkeit eine notwendige Parteinahme für Christus gegen den auch in den dogmatischen Richtigkeiten der Storr-Schule waltenden gottlosen Geist der Zeit.[123]

Der Ernst des reformatorischen Gerichtsdenkens hielt sich nicht frei von problematischen Dämonisierungen. Das Vordringen der Neologie seit der Mitte des 18. Jahrhunderts wird zu einer Art Zeitenwende zur Gottlosigkeit in der Theologie, als deren politisches Pendant meist die Französische Revolution ausgemacht wurde.[124] Damit wird das heilsgeschichtlich-apokalyptische Denken des älteren Pietismus in eine neue, von den konkreten »Zeichen der Zeit« her dominierte Richtung gelenkt.

Aufschlußreich, weil differenzierter, äußert sich aus vergleichbarer Perspektive zur kirchlich in Württemberg dominierenden Storrschen Richtung der Bruder Wilhelm. Er kritisiert insbesondere deren stark dogmatisch bestimmte Bibelauslegung, welche den Geheimnissen des Glaubens nicht gerecht werde. Aus den Schwierigkeiten half ihm die neue Theologie Friedrich Schleiermachers (1768-1834), deren Attraktivität er gegen Ende seines Studiums entdeckte. Sie bot eine echte Alternative, sie führte ihn zu einer völligen Umschmelzung seiner »Storrisch-Bengelschen Begriffe«. Hier wird nicht nur das Ungenügen mit der Storrschen Orthodoxie, sondern auch mit dem älteren württembergischen Pietismus deutlich. Ungebrochen setzt sich der ältere Pietismus in der Erweckungsbewegung nicht durch.

Nach der anfänglichen Begeisterung für Schleiermacher meldete sich freilich bei Wilhelm Hofacker wie bei anderen Pietisten auch die Sorge vor einem allzu großen Subjektivismus – den sie selbst doch mit kultivierten. Sein mit Hilfe Schleiermachers gefundenes Ideal wird nun der »wahre Schriftrealismus«, der wieder mehr zum biblizistischen Anliegen des älteren württembergischen Pietismus zurücklenkt und antiidealistische Züge trägt.[125] Die »Krankheit des Idealismus« wird dabei als generelles Grundproblem der nachkantianischen Theologie, auch der Storrschen, betrachtet.[126]

Ludwig Hofacker hat sich derart dezidiert nicht geäußert. Er war trotz gemeinsamer pietistisch-erwecklicher Grundhaltung noch weniger akademischer Theologe als sein jüngerer Bruder. Das Grundproblem einer nicht nur sach-, sondern auch zeitgemäßen Theologie bleibt bei beiden dasselbe.

So wittert gerade Ludwig in allen theologischen Denkbemühungen ein eigenmächtiges Spekulieren und die Hybris der Vernunft. »System«, »Begriff« und »Spekulation« werden zu Schreckgespenstern, ohne daß das Dilemma einer Vernunftkritik ohne Vernunft wahrgenommen wird.[127]

Bedenkliche Einseitigkeiten zeigen sich nicht nur nach außen in der pauschalen Kritik an der Aufklärungstheologie, sondern auch in der Diskreditierung der theologischen Aufgabe nach innen. So ermahnt Hofacker die Freunde, als 1826/27 in der Korrespondenz eine anregende Debatte um Rechtfertigung und Heiligung ansetzt, die Diskussion abzubrechen und zu schweigen. Strittig war die alte Frage nach der effektiven Seite der Rechtfertigung oder nach dem Verhältnis von altem und neuem Menschen: Weist die Gotteskindschaft nicht über das strenge Sündenbewußtsein und den »bloßen« Glauben an die Zurechnung einer fremden Gerechtigkeit hinaus? Hofacker meint, hierin ganz lutherisch, zu dieser nach traditionellen Begriffen antinomistischen, die Konfrontation mit dem die Sünde aufdeckenden göttlichen Gesetz meidenden Tendenz klar und deutlich: Nein. Der Mensch müsse »unter sich« wachsen, wenn er wieder etwas zum Lobe Gottes werden wolle; das wichtigste sei und bleibe die Sündenerkenntnis durch die Konfrontation mit dem Gesetz und das Bewußtsein der eigenen Unwürdigkeit. Ohne dies gebe es keine Erfahrung des Evangeliums von der freien Gnade Gottes: »Wir müssen ins Armesünderloch und darin Christus finden, und aus diesem Loche darf die Seele nicht heraus, weder in Zeit noch Ewigkeit, denn dieses Loch ist ihr ein vortrefflicher Palast, weil nur da Christus sich zu erkennen gibt, sonst nirgends.«[128]

Damit kritisiert Hofacker insbesondere die Haltung von Christian Gottlob Barth, der den biblischen Gedanken der Sohnschaft und der in Christus erschlossenen Fülle neues Gewicht in der Rechtfertigungslehre geben will, wie auch den Repetenten Eipper, der das Niederdrückende, Depressive und Weinerliche beklagt, das aus einem einseitig strengen Sündenbewußtsein folge. Mitverantwortlich dafür wird insbesondere die traditionelle lutherische Lehre von der stellvertretenden Genugtuung gemacht, die sich nicht hinreichend biblisch begründen lasse.

Freilich: Zeigten nicht gerade die Herrnhuter, die dem stellvertretenden Leiden Christi alles Gewicht gaben, noch am ehesten ein frohes und tatkräftiges Christentum? Albert Knapp meinte dies voll und ganz zur Stützung Hofackers bejahen zu können. Andere, wie die Michelianer, redeten zwar viel vom »Werden in Christus«, ließen aber keine Taten erkennen.[129]

Es ist deutlich, daß hier unterschiedliche pietistische Lebens- und Glaubenskonzepte aufeinandertreffen, die sich alle auf die Bibel berufen und ihre jeweiligen Ausprägungen in den verschiedenen Gruppierungen in Württemberg gefunden haben. Auch die junge Erweckungsbewegung verband hier verschiedene Denkrichtungen, eine eigentliche Erweckungstheologie formierte sich nicht. Trotz oder gerade wegen der Brisanz der Frage will Hofacker das kontroverse Gespräch auf unbestimmte Zeit vertagt wissen. Er fürchtet ein Auseinanderfallen des Kreises. In zehn Jahren hätten sie wohl alle, wenn bis dahin das Reich Gottes nicht schon gekommen sei, mehr Reife. Zwar meldet sich auch Widerstand, doch Hofacker setzt sich mit der Devise durch: »Er [Jesus] treibe uns alle aus der Spekulation in die Erfahrung!«[130]

Dem umstrittenen Bibelwort soll die geistliche Erfahrung Eindeutigkeit geben, die doch selbst auslegungsbedürftig ist. Faktisch wird nur ein Denk- und Sprechverbot im Namen der Frömmigkeit verhängt. Was *intellektuell* redlich glauben heißt, bleibt unerprobt. Die Chancen eines offenen *theologischen* Austauschs über der Bibel werden trotz der Warnungen des Freundes Wilhelm Friedrich Roos verspielt.

Erweckung des Herzens – ohne Verstand?

Die bei Ludwig Hofacker sichtbare Abwehr des theologischen Denkens unterscheidet sich grundsätzlich vom älteren Pietismus in Württemberg. Man denke nur an Oetinger, der den Kampf gegen die sogenannte Berliner Aufklärung offensiv geführt hat; man denke an Philipp Matthäus Hahn, der begeistert den frühen Herder gelesen hat, man denke aber auch noch an Michael Hahn, der als einfacher Bauer mit großem Tiefsinn eine Erneuerung der Mystik Jakob Böhmes unternahm. An all diesem hat Hofacker und der größere Teil der Erweckungsbewegung bei allem Respekt vor den Älteren kein Interesse mehr. Er will Erfahrungen machen, und dies ist durchaus modern – wie auch dies, daß es möglichst keine gedankliche Anstrengung kosten soll. Diese erscheint Hofacker im Kampf gegen das oft gescholtene »Maul- und Kopfchristentum« seiner Zeit wie alles eigenständige theologische Denken eher hinderlich.

Die Aversionen gegen die »neumodische« Aufklärungstheologie trüben wie bei manchen seiner Freunde und Anhänger den Blick für die Notwendigkeit einer sach- und zeitgemäßen Theologie. Zur problematischen Seite von Hofackers Predigtwirken gehört, daß er den ohnehin vorhandenen Graben zwischen zeitgenössischer Theologie und Gemeinde weiter vertieft und schon vorhandene Vorurteile bestätigt hat.

Auch wenn im allgemeinen die kritische Theologie der Aufklärungszeit zum Sündenfall der Theologie überhaupt stilisiert wurde: Hofackers betonter Antiintellektualismus steht nicht für das Ganze der jungen Erweckungsbewegung.

So hat der frühe Mitstreiter Christian Gottlob Barth ein offenes Verhältnis zum spekulativen Erbe des württembergischen

Pietismus gepflegt und durchaus auch Kritik an den geistigen Defiziten im volkstümlichen Pietismus geübt.[131] Auch der »geistliche Vater« der jungen Erweckten, Christian Adam Dann (1758-1837), verkörpert einen besser reflektierten Pietismus im Übergang zur Erweckungsbewegung.[132] Dann trat 1824 die Nachfolge des verstorbenen Vaters von Ludwig Hofacker an der Stuttgarter Leonhardskirche an. Mögen auch viele lieber den Sohn auf dieser Stelle gesehen haben: Eine schlechte Wahl war die Berufung Danns gewiß nicht – und auch kaum ein unfreundlicher Akt der Kirchenleitung gegenüber dem Pietismus im Lande, wie zuweilen angenommen.

Eine ausgeprägtere theologische Begabung findet sich im Kreis der Freunde Hofackers bei Christian Friedrich Kling (1800-1862), Mitunterzeichner der beiden Briefe württembergischer Prediger nach Herrnhut 1828/1829. Unter dem Einfluß von August Neander (1789-1850), dem Kirchenhistoriker, und Friedrich Schleiermacher in Berlin hat er erweckungstheologische Interessen mit philosophischer Aufgeschlossenheit und systematischem Denken verknüpft und ist zugleich der Tübinger Storr-Schule verpflichtet geblieben – eine von der Erweckungsbewegung zur sogenannten Vermittlungstheologie des 19. Jahrhunderts weisende und gerade im Kontrast zu Hofacker interessante Gestalt.[133]

ZUSAMMENFASSUNG

Hofackers Stärke war, den Anspruch des Evangeliums eindringlich und in einfachen Worten der bürgerlichen Rechtschaffenheitsideologie wie dem aufgeklärten Optimismus der Zeit entgegenzusetzen:
»Der angesehenste, tugendhafteste Mensch«, sagt er, »muß auf dem gleichen Weg selig werden wie ein Schächer, der am Galgen stirbt. O was ist das für eine harte Lehre!«[134]
Dies ist die Krise aller Zeitlichkeit vor der Ewigkeit, und insofern ist auch Hofacker ein »Krisentheologe«. Er predigt die Vergänglichkeit alles Irdischen, er kündigt das Gericht Gottes über alles Menschliche an – und er weist eindringlich auf das Geschehen am Kreuz als Zentrum christlichen Glaubens und Hoffens gegen die Daseinsangst des dem Tod geweihten Menschen hin.[135] In diesen Grundzügen kann Hofacker als ein Prediger gelten, der in pietistischer Tradition reformatorische Anliegen aufnimmt und in teils zeitkritischer, teils zeittypischer Weise erneuert. Ein ausgeprägter religiöser Individualismus führt, verbunden mit dem Erbe einer gesetzlichen Alltagsmoral und einer geringen Wertschätzung der theologischen Aufgaben des Predigers, in manche Einseitigkeit und Verengung. Doch gerade die unausgeglichenen und spannungsreichen Elemente seines Denkens weisen auf zentrale Fragen christlicher Existenz. Von diesen her stellt Hofacker auch heute noch eine Herausforderung dar.
Eindrücklich bleibt bei allem Pathos, aller Einseitigkeit und Zeitbedingtheit von Hofackers Predigten der religiöse Ernst, den sie ausstrahlen. Nicht der schlechteste Zug an ihnen ist, daß sie schnell zur Sache kommen und sowohl

auf gesuchte Beispiele als auch Alltagsbanalitäten verzichten.

Doch lesen Sie selbst – und wenn Sie sich ärgern: Gewinnen können Sie immer!

Hofacker und Herrnhut: zwei Briefe

I

Gemeinsamer Brief von Ludwig Hofacker und elf württembergischen Vikaren und Pfarrern vom 28. März 1828 an die Herrnhuter Predigerkonferenz[136]

Verehrte Väter und Brüder!
Indem wir unterzeichneten Prediger des Evangeliums in Würtemberg schriftlich in Ihren Kreis treten, haben wir keine andere Absicht, als das Unsrige dazu beyzutragen, damit jene Bitte, die der Herr Seinem Vater in den Tagen Seines Fleisches an das Herz gelegt hat, erfüllt werde, nämlich daß die Seinigen Eins werden und seyn möchten [vgl. Joh 17,20f.].[137] Wir möchten mit Ihnen, soweit es bey unserer gegenseitigen Entfernung möglich ist, in eine nähere Gemeinschaft des Glaubens und der Liebe treten, und aus Ihrer gesegneten Conferenz, der wir schon lange mit herzlicher Liebe und Hochachtung zugethan sind, auch etwas geistlicher Nahrung empfangen. Wir hoffen auch, daß Sie uns, die durch Gottes Erbarmen auf dem nämlichen Grunde stehen, wie Sie, nämlich auf dem gekreuzigten und auferstandenen Christus, in Liebe die brüderliche Hand reichen werden.
Die verehrten Väter und Brüder haben schon auf anderen Wegen erfahren, daß seit einigen Jahren sich unter würtembergischen Predigern, die des Sinnes sind, für den Heiland zu leben und zu wirken, eine sogenannte Conferenz gebildet hat, die jährlich zweymal in Stuttgart gehalten wird. Der regere Geist der neueren Zeit, das Bedürfniß, einander näher zu kommen, der Wunsch, je mehr und mehr auf Jesum er-

baut zu werden, der Anblick der Menschen des Zeitgeistes, die sich gegenwärtig allenthalben zusammenkoppeln, mit losen Stricken Unrecht zu thun und mit Wagenseilen zu sündigen, die daraus entsprungene Ueberzeugung, daß es in gegenwärtiger Zeit Kindern und Knechten Gottes um so nöthiger sey, sich recht fest aneinander anzuschließen, vielleicht auch die Hoffnung, da und dort auf einen Unentschiedenen und Schwankenden gut einzuwirken – dieß Alles hat die Stuttgarter Conferenz, die seit alten Zeiten bestanden hatte, aber nun gerade am Erlöschen war, wieder aufs neue in das Leben gerufen. Die ersten Theilnehmer waren lauter junge Prediger. An diese schlossen sich Andere an, und so bildete sich diese *allgemeine* Conferenz, in die nun jedes seitheriges Mitglied jeden Theologen einführen kann, den es für tauglich erachtet.

Neben der großen allgemeinen Conferenz entstanden einige kleinere. Die Brüder, die in der oder jener Gegend näher beysammen wohnten, fanden sich zusammen und hielten Zusammenkünfte an bestimmten Tagen. Und so sind auch wir in der Umgegend von Ludwigsburg wohnende zusammengetreten. Wir haben unsere Posten nicht eben gerade sehr nahe beyeinander, die zwey entfernteste liegen wohl 5 deutsche Meilen [also rund 37 km] auseinander. Doch konnten wir bis jezt im Sommer alle Monate, im Winter je in zwey Monaten zusammenkommen, und was noch weit mehr ist, wir konnten mit Segen beysammen seyn. Vor blos theoretischen Speculationen, die doch zulezt nur dem Tode Frucht bringen, hat uns der Herr weg und auf das Eine, was unserem Herzen und unserem Amte Noth thut, hingeleitet, wofür Ihm Ehre und Anbetung von uns gebühret.

Die lieben Väter und Brüder werden nun freilich auch gerne etwas Näheres und bestimmteres über unsern eigentlichen Glaubensgrund erfahren wollen. Zum Preise Gottes meinen wir versichert zu seyn, daß wir Alle, so verschieden wir auch sonst in Absicht auf unsere Führungen sind, doch darin übereinstimmen, daß in dem Opfer Jesu allein zu finden sey

Gnade und Freiheit von allen Sünden für alle Welt. Die gekreuzigte Liebe ist bey aller Schwachheit und in aller Schwachheit doch das Hauptobject unseres Predigens, Lehrens, Ermahnens, unserer Unterhaltung bey unseren Zusammenkünften, und, wie wir meinen, auch der Begierde und Sehnsucht unseres armen Herzens. In der That! wir achten es als eine große Gnade und als einen unverdienten Ausfluß des Erbarmens Jesu, daß Er uns in dieser verwirrten Zeit, in dieser Zeit der furchtbarsten und unverschämtesten Vernunftanmaßungen, wo auch solche, die doch sonst Gott suchen, vom einfaltigen Glauben an die Versöhnung weichen – auf diesen Grund gegründet und bis jezt darauf erhalten hat.

O! ihr lieben Väter und Brüder! es will uns fast dünken, daß es nicht der Mühe werth sey, so Vieles von uns und unsern Sachen zu schreiben, als wir gethan haben. Denn was ist thörichter, als das Zeugniß, das Gott von Seinem Sohn gezeuget hat, verwerfen? Und was ist natürlicher, als daß diejenigen, die gleiches Sinnes sind, zusammenhalten, sich unter einander besuchen, und sich in ihrem Sinn gegenseitig zu bestärken und zu begründen suchen? die Welt macht es ja in ihren Sachen auch also. Wir hätten darum gewiß nicht so Vieles von uns geschrieben, und unserer Sachen nicht mit soviel Worten gedacht, wenn wir es nicht für Pflicht erachtet hätten, Euch, da wir das erstemal in euren verehrten Kreis eintreten, von unserer Verbindung und von unserem Glauben einige Rechenschaft zu geben. Weil Ihr aber aus dem bisherigen sowohl von uns als von dem Stand des Reiches Gottes in unserem Vaterlande eine vielleicht zu günstige Meinung fassen könntet, so können wir nicht umhin, Euch mit der eigentlichen Lage der Dinge etwas genauer bekannt zu machen.

Unser Vaterland ist, was den protestantischen und besonders den altwürtembergischen Theil desselben betrifft, ein Land, das in religiöser Hinsicht vielleicht mit keinem andern deutschen Lande verglichen werden kann. Hier ist ein Boden, der schon von alten Zeiten her durch treue und geschikte Arbeiter bebaut wurde. Es findet sich daher unter unserem Volke viel Empfänglichkeit für die Wahrheit, es ist, wozu die Noth der Zeit auch das Ihrige beytragen mag, viel Fragens darnach, und sie haben im Allgemeinen eine gute Unterscheidungsgabe zwischen Wahrheit und Halbwahrheit, zwischen Geistes- und Fleisches-, Gottes- und Menschen-Wort, zwischen Weizen und Spreu. Die Anerkennung des Evangeliums ist so allgemein, daß es im protestantischen Alt-Würtemberg wenige Gemeinden geben möchte, in welchen nicht eine oder mehrere Gemeinschaften von sogenannten Pietisten anzutreffen wären, die des Gebets und der Betrachtung der Schrift wegen sich versammeln und ihres Glaubens halber wenig oder nichts zu leiden haben. In diesen sogenannten Gemeinschaften liegt viel Segen. Nicht nur geht die Bibel- und Missions-Sache, hauptsächlich auf sie gestützt, einen schönen gesegneten Gang in unserem Vaterlande, sondern sie sind auch die Pflanzschulen und Träger der Wahrheit, welche dieselbe nicht sobald aus unserem Volke werden vertilgen lassen, sie sind Missionsstellen, in welchen jegliche Seele, die zum Leben aus Gott erweckt wird, eine Unterkunft und Pflege finden kann und ebendeßwegen um so schäzbarer, weil auf vielen Predigtstühlen das Wort der Buße und des Glaubens an Jesum rar geworden ist. Dieß Alles ist nun sehr schön und zum Dank gegen den Herrn erweckend, aber es sind einige Dinge da, welche die Aussicht sehr trüben.

Hieher möchten wir vor Allem rechnen die verschiedenen Sekten, in welche der glaubige Theil unseres Volks zertrennt ist. Wir haben allerlei Gesinntheiten in unserem Vaterlande, und bey der religiösen Erregbarkeit unseres Volks möchte es nicht leicht einen Unsinn geben, der, wenn er nur im Gewand des Glaubens und mit der gehörigen Unverschämtheit auftritt, nicht seine Anhänger fände. Doch herrschen in den Gemeinschaften unseres Vaterlandes hauptsächlich dreierlei Parthien. Die einen, die sogenannten Pregezerianer, d. h. Anhänger des vor einigen Jahren zu seiner Ruhe eingegangenen

Pfarrers Pregizer, dessen Lehrsäze sie aber mißverstanden und gegen seinen Willen und zu seinem großen Leidwesen auf die Spize gestellt haben, treiben vorzugsweise die Lehre von der Rechtfertigung, von Christo für uns, und zwar häufig auf eine Art, wodurch das inwendige Christenthum in den Schatten gestellt und die tägliche Buße oder die tägliche Vergebung der Sünden, oder was eins ist, die Heiligung, aufgehoben wird. Eine andere Parthie, die sogenannten Michelianer, d. h. Anhänger von Michael Hahn, der zwar nur ein Bauer, aber ein tiefer Mystiker war, und dessen Schriften in vielen und dicken Bänden nach seinem anno 1817[138] erfolgten Tod herausgegeben worden sind, scheinen den Christus für uns mehr zu überspringen, und machen häufig aus dem ganzen Evangelium eine Lehre der Heiligung. Natürlich ist die Stellung dieser beiden Parthien, die auf das strengste unter sich zusammenhalten und innerlich ziemlich organisirt sind, der Kirche gegenüber etwas separatistisch, ob sie sich gleich nicht förmlich getrennt haben. Die dritte Art sind die gewöhnlichen Pietisten, die Arndts, Speners, Bengels und anderer würtembergischen Theologen Schriften lesen, bey der Bibel und dem protestantischen Lehrbegriff bleiben, und sich größtentheils zur Brüdergemeine hinneigen. Obgleich nicht zu verkennen ist, daß der Heiland auch unter jenen zwey ersten Parthien viele redliche Seelen hat, die ihn wahrhaftig suchen, und ob sich gleich in neuerer Zeit die Gegensäze nicht mehr so schroff gegenüberstehen, wie dieß noch vor einigen Jahren der Fall war: so ist doch diese Zertrennung ein großer Uebelstand, und ein Lehrer des Evangeliums hat, jenachdem er in eine Gegend und Gemeinde hingestellt ist, dadurch viele Herzens- und Amts-Noth. Der Herr wolle darein sehen! –

Ein weiterer Uebelstand ist der schlechte Zustand mancher im eigentlichen Sinn pietistischen Gemeinschaften. Es ist zu wenig Organisation da, zu wenig Kirchenzucht, die Gemeinschaften sind häufig eigentliche Kirchen, die Jedermann offenstehen, wo Niemand, auch der offenbare Sünder nicht, hinausgewiesen wird. Man hat an manchen Orten den eigentlichen Zweck der Gemeinschaften, daß sie nämlich Gemeinschaften von Kindern Gottes oder doch von ernstlich suchenden Seelen seyn sollen, ganz aus dem Auge verloren, und eigentliche Missionsplätze oder, um es besser zu sagen, offene Versammlungen daraus gemacht. Daran ist allerdings viel Schuld die Theurung des Worts von der Gnade Gottes auf den Kanzeln, wo man also denjenigen, die für ihr Herz reelle Nahrung suchten, die Thüre nicht verschließen mochte noch durfte. Aber bey diesem Allem könnte man ja doch ein wachsames Auge auf die Mitglieder haben. Allein der schläfrige und unlautere Sinn mancher Vorsteher wagt es nicht, der Sünde entgegenzutreten, und sucht wohl gar eine Ehre darin, wenn nur recht Viele die Gemeinschaft besuchen, sie seyen sonst fast, wie sie wollen. Solche Vorsteher sind nun freilich nicht gerade sehr zahlreich – aber es geht und läuft eben Alles ohne gehörige Aufsicht dahin. Es kann sich zum Lehrer aufwerfen, wer da will, es giebt in diesen Gemeinschaften häufig Lehrer, die blos erweckt, aber nicht begnadigt sind, es giebt zuweilen auch ganz unbekehrte Leute, die mit ihrem Wandel in der Ungerechtigkeit offenbar sind, und doch durch ihren Schriftverstand die unerfahrenen Schafe an sich zu ziehen wissen. Wer sollte aber auch Aufsicht führen? Die, welche von Amtswegen dazu berufen sind, haben oft das Zutrauen nicht, und die Brüder aus der Brüdergemeine, die jährlich im Lande besuchen, sind durch die große Menge von Seelen, die sie zu bedienen haben, verhindert, Einzelnes zu ordnen, können auch bey ihren vorübergehenden Besuchen dem Uebel selten recht auf den Grund sehen. Ein reges frisches Leben, wie wir es gegenwärtig mit soviel Freude und Beschämung an den Neubekehrten aus den Heiden erblikken, würde den Mangel mancher äußeren Aufsicht und Ordnung ersezen. Aber daran fehlt es uns gerade. Die Sachen sind zu alt, zu alltäglich bey uns. Die Form haben wir wohl, aber die Kraft fehlt oft. Die Lehre von der Gnade haben wir, aber wir sind zum Theil darauf eingeschlafen, und Manche brauchen wohl diese Lehre selbst als einen Schlaftrunk ihres Gewissens. Dieß führt uns auf etwas, das wir als das größte Uebel rechnen müssen, nämlich auf den Geist der Trägheit und Schläfrigkeit, der je mehr und mehr mächtig wird. Es ist eine große und gemeine Klage bey und unter rechtschaffenen Seelen, daß es gegenwärtig besonders schwer sey, die Augen offen zu halten und zu wachen. Daß diese Klage aber nicht aus der Luft gegriffen ist, können wir deutlich wahrnehmen an denjenigen, die gegenwärtig erweckt werden und sich anschicken, aufzustehen vom Sündenschlafe. Wir wissen nicht, ob es anderer Orten auch so ist, aber hier in unsern Gegenden müssen wir die leidige Erfahrung machen, daß wahrhaftige und gründliche Bekehrungen immer mehr zu den Seltenheiten gehören. Es ist viel Laufens und Rennens bey uns, die armen Menschen lassen sich Entfernungen von mehreren Meilen nicht zu weit seyn, um eine gute Nahrung für ihr Herz zu bekommen, die Gemeinschaften werden auch an den meisten Orten zahlreicher besucht als jemals, die geistige Aufregung ist groß. Aber zu einem völligen Abtreten von der Ungerechtigkeit zu einem Durchbruch ins Licht, zu einem Wandel im Licht will es bei Wenigen troz allem Hunger und troz allem äußerlichen Werke kommen. Eine kleine Weile fröhlich seyn bey einem Lichte, ohne sich vom Licht in Geduld durchscheinen zu lassen, auf das Evangelium, so lang es unter einer bisher ungewohnten Form auftritt, hineinfallen, ohne daß des Herzens Grund davon eingenommen würde, und dann, wenn die Sache gewohnt ist, sie wieder stehen lassen, das ist der athenische Charakter dieser Zeit [vgl. Apg 17,20f.]. So dürfen wir es nicht verhelen, daß der Eifer im Besuch der allgemeinen Stuttgarter Conferenz merklich nachgelassen hat, obgleich sie selbst dadurch an innerem Segen nichts einbüßte, aber wir können diesen Nachlaß in der That nichts Anderem zuschreiben, als dem eben bezeichnetem Geist der Zeit. Wir glauben, daß unsere Zeit in dieser Hinsicht eine sonderliche ist. Bey aller Herrlichkeit, die Gott in seinem Reiche offenbart, ist der Fürst der Finsterniß doch auch sehr geschäftig, der Weltgeist und der irdische Sinn durchsäuert je mehr und mehr den ganzen Teig, die Principien des Leichtsinns der neumodischen Religion [der Aufklärung] fressen durch alle Stände durch wie der Krebs, die Gottesfurcht weicht je mehr und mehr aus den Gemeinden, und so wird man, ohne daß man selbst es ahnt, von Tag zu Tag untüchtiger zur Wahrheit und zum Glauben. Dieß Alles fühlen und erfahren wir in unserem Theil und wir hoffen, daß viel Gnade dazu gehöre, wenn man nüchtern bleiben und in dieser Abendstunde den Leuten, die im Hause sind, als ein Licht leuchten soll und will.

Um so unentbehrlicher ist es uns, je mehr und mehr uns aneinander zu halten, damit wir uns gegenseitig im Glauben stärken. Wir kommen daher gewöhnlich recht hungrig und durstig zusammen und ein Jeder bringt seine große Armuth mit. Der reiche Jesus aber erfüllt dann Seine Verheißungen. Dieß haben wir schon oft erfahren. Und auch das haben wir erfahren und erfahren es, was an der Fürbitte der Kinder Gottes gelegen ist. Geliebte Väter und Brüder! wir bitten Euch daher um eure Fürbitte, so wie wir unser schwaches Gebet für Euch auch vor den Gnadenthron unseres gemeinschaftlichen Herrn bringen werden.

d. 18. März 1828.

[Unterschriften]

Pfarrer Rommel in Winterbach[139]
Diac. Heim in Winnenden[140]
Diac. Kling in Waiblingen[141]
Pfarrer Liesching in Grunbach[142]
Pfarrer Hofacker in Rielingshausen
Pfarrer Hölder in Nellingen[143]
Pfarrer Roos in Oßweil[144]
Pfarrer Camerer in Botenheim[145]
Vikar Flad in Oßweil[146]
Vikar Bunz in Weiler z[um] St[ein][147]
Vikar Klemm in Rielingshausen[148]
Pfarrer Weitbrecht in Hegenlohe[149]

II

Gemeinsamer Brief von einundzwanzig württembergischen Vikaren und Pfarrern an die Herrnhuter Predigerkonferenz aus dem Jahr 1829 mit einer Würdigung des verstorbenen Ludwig Hofacker[150]

Ehrerbietig u. herzlich geliebte Väter u. Brüder!
Wir danken Euch u. besonders dem lieben Bruder Bourquin von Herzen für das in Eurem Namen an uns gerichtete brüderliche Schreiben u. für darin enthaltenen Worte der Liebe, der Lehre u. des Trostes. Wir fühlen uns alle schwach im Glauben u. noch als Anfänger im Christenthum; deswegen thut es uns wohl, daß Ihr uns Eurer brüderlichen Liebe versichert; denn wie Eure Liebe zu uns ein Ausfluß ist der herzlichen Barmherzigkeit Gottes, unsers Heilandes, der uns alle mit seinem Blute erkauft hat, u. der auch den Aermsten nicht von Seiner Gemeinschaft ausschließt, also ist Eure Liebe uns auch ein Zeichen unserer Gemeinschaft mit Ihm, dem Hochgelobten Heilande, u. indem wir Euch für Eure brüderliche Aufnahme danken, sinken wir mit Euch nieder in den Abgrund der Liebe, womit Er uns geliebet hat bis in den Tod, u. Seiner Geduld, die unsre Seligkeit ist.
Seit der Zeit, daß wir vor einem Jahr unser erstes gemeinschaftliches Schreiben an Euch, liebe Väter und Brüder, absandten, haben wir einzeln u. ins Ganze das, was wir an unserm treuen Heiland haben, auf mancherley Weise erfahren dürfen. Einstimmig bekennen wir es Alle, jeder aus seiner eigenen Erfahrung, daß wir, wenn Er nicht volle, freye Versöhnung für unsere Sünde mit Seinem Gehorsam, Leiden u.

Sterben uns erworben hätte, u. wenn Seine Gerechtigkeit nicht statt der unsern vor Gott dem Vater gelten würde, wir beym immer tiefer gehenden Gefühl unsrer Schuld u. unsrer Sündigkeit längst hätten verzagen müssen, nun aber eben in diesem Gefühl, statt der Verdammniß, desto reichlicher Zugang zu seiner freyen Gnade finden: u. eben so rühmen wir es, jeder in seinem Theile, daß wir, wenn Er nicht dieselbe Geduld an uns beweisen würde, wie an Petrus, schon längst von ihm wieder abgekommen wären, nun aber durch Seine Treue noch bey Ihm sind, u. Sein Herz noch näher kennen gelernt haben, obwohl das durch eigenen Schaden klug werden müssen, bey all Seinem treuen Warnen u. liebreichen Pflegen, leider noch kein Ende hat. Glauben wir nicht, so bleibet Er treu; er kann sich selbst nicht [ver]läugnen, 2. Tim[otheus] 2,13. Das ist sehr beschämend u. unaussprechlich tröstlich zugleich für die, welche gerne in Ihm erfunden werden möchten.

Was aber die Erfahrungen betrift, die wir in unserm brüderlichen Verein, als solchem, gemacht haben, so gehört hieher vor Allem, daß seit einem Jahre einer aus unsrer Mitte, der liebe Pfarrer Hofacker in Rielingshausen in die Ruhe der vollendeten Gemeinde zu seinem u. unserm Erlöser heimgegangen ist. Er ist der Erstling der in die Heimath Eingegangenen unter uns, seit wir als Brüder auf dem Weg zu derselben Heimath miteinander verbunden sind. Vor einem Jahr war er das leztemal in unsrer Versammlung, u. unterzeichnete mit uns unsern Brief an Euch, liebe Väter u. Brüder; bald darauf wurde er von seiner lezten Krankheit befallen, die, weil sein Körper durch frühere schwere Krankheiten schon im voraus sehr geschwächt war, in eine unheilbare Wassersucht überging, an der er noch über ein halb Jahr schwer zu leiden hatte, bis er am 18. Nov[ember] v[origen] J[ahres] in das Haus, das nicht mit Händen gemacht ist, ins Daheimseyn beym Herrn übergehen durfte. Der Geist Gottes hatte ihn mit dem Geist Johannes des Täufers angezogen, u. seine Laufbahn dauerte auch, wie die des Johannes, nur kurze Zeit, da er schon in seinem 31sten Jahre abgerufen wurde. Der Inhalt seiner öffentlichen Vorträge, die sowohl in Stuttgardt, wo er früher Vicarius gewesen war, als in Rielingshausen, sehr stark, auch von andern Orten her, besucht wurden, bestand darin, daß er die Christusvergessenheit und jämmerliche Heillosigkeit der Zeit u. der Herzen, die in selbsterwählter Weisheit u. Frömmigkeit dahingehen, aufdeckte u. mit innigem Anliegen und Ernst auf die Nothwendigkeit der freyen Gnade Gottes in Christo, aufs Lamm Gottes hinwies, das der Welt Sünde trägt u. das gekommen ist, daß wir in Ihm Leben u. volle Genüge haben [vgl. Joh 10,11]. Eine kleine Sammlung seiner Zeugnisse ist noch bey seinen Lebzeiten von ihm selber, da er vielfältig war dazu aufgefordert worden u. wohl fühlte, daß seine Zeit, zu wirken, nicht lange dauern werde, bey Steinkopf in Stuttgart im Druck besorgt worden, u. auch diese gedruckten Predigten sind schon vielen Seelen zum Segen geworden, u. werden es gewiß auch noch vielen werden, denen es um gewissen Grund u. wahren Trost zu thun ist.[151] Weil es ihm um nichts als um die lautere Wahrheit in sich u. bey seinen Zuhörern zu thun war, u. weil er alles Wissen ohne Leben vom Grund der Seele verschmähte, so war ihm auch die rechte Deutlichkeit u. Popularität, die nur der lebendigmachende Geist der Wahrheit geben kann, in besonderm Maaße eigen. Uns mit ihm verbundenen Brüdern aber war sein Leben, das wir vor Augen hatten, noch zu besonderem Segen, denn was er war, das war er ganz, u. was er redete, das war sein ganzer Ernst. Sein anfängliches Suchen nach einem gewissen Glaubensgrund, noch während seiner Studienjahre, nachdem er die Seichtigkeit u. Unhaltbarkeit menschlicher Lehrgebäude tief eingesehen hatte, seine Abkehr von der Welt u. Verläugnung der eigenen Lust des Fleisches, sein anfängliches geszliches Ringen, u. dann die Anerkennung seines Armensünderstandes, obgleich sich zuerst sein ganzes Herz dagegen empörte, u. die von nun an durch den Geist der Gnade in ihm gewirkte Überzeugung, daß er ohne Gottes freye Gnade im

Blut des Lamms ein ewig verlohrner Mensch wäre, sein Ergreifen der Kindschaft Gottes im Glauben an den Heiland, sein Hangen am Heiland, sein Verlangen nach beständiger Gemeinschaft mit Ihm, sein Schmerz über das in ihm wohnende Verderben, das ihn darin störte, seine immer tiefergehende Buße noch in der lezten langen, höchstbeschwerlichen Krankheit, u. sein Genuß aus Jesu Versöhnungsleiden dabey, und bey der Annäherung der längstersehnten Erlösungsstunde sein stiller Gehorsam u. seine freudige Glaubenszuversicht, – dies ganze Werk der Gnade in ihm ließ der liebe Bruder so sein ganzes Inneres durchdringen, er gab sich so völlig dazu hin, u. es war darum auch so kräftig in ihm, daß es für uns, die wirs in der Nähe sehen durften, nicht anders als vielfältig beschämend, aber auch recht erweckend, stärkend u. tröstend werden mußte. Der liebe selige Hofacker war ein sehr selbstständiger u. auf Andere imponirend einwirkender Geist, u. er war sich dessen auch wohl bewußt; aber eben dies demüthigte ihn oft u. tief, u. uns, die wir besonders in den lezten Jahren öfters um ihn waren, war eben seine tiefe Herzensdemuth u. Kindlichkeit, seine Lindigkeit und Geduld am wohlthuendsten. Nun möge sein Andenken bey uns im Segen bleiben u. sein Heimgang zum Heiland ein Siegel auf unsern Bund werden, daß auch wir beym Heiland im Glauben bis ans Ende bleiben, bis eins nach dem andern von uns auch ins Schauen u. in die völlige Gemeinschaft mit dem Herrn heimgeholt wird. Wir wünschen von Herzen, daß es uns Allen recht eindrücklich bleiben möchte, wie allein Christi Gnade es war, wodurch unser lieber Bruder vollendet wurde, wie eben seine natürlichen Vorzüge dabey nichts ausmachten, sondern ihn vielmehr, so weit sie sich nicht unter dem Gehorsam des Glaubens bey ihm regten, desto mehr zur Sünde wurden, wie er in sich selbst nichts als Verdammungswürdigkeit u. kein Vermögen zum Guten fand, aber durch Christi Blut u. Gerechtigkeit vor Gott gerechtfertigt u. im Genuß dieser Versöhnungsgnade vom Geist Gottes auch allein zum Leben aus Gott in der Gemeinschaft u. nach dem

Bilde Jesu wiedergebohren wurde, weswegen auch bey seiner Beerdigung seinem Sinn gemäß der Text, über den gesprochen wurde, der war: Aus Gnaden seyd ihr selig worden durch den Glauben, u. dasselbige nicht aus euch: Gottes Gabe ist es, nicht aus den Werken, auf daß sich nicht Jemand rühme. Eph[eser] 2, 6.9. Wir wollen nur noch den Schluß seines Lebenslaufs[,] den er selber vor 2½ J[ahren] verfaßte u. damals bey seiner Investitur in Rielingshausen nach hier üblicher Sitte seiner Gemeinde vorlas, hie-hersetzen: »das weiß ich gewiß, daß ich schon längst in der Hölle wäre, wenn ich keinen barmherzigen Hohenpriester hätte, u. das habe ich auch erfahren, daß ich ohne Ihn nichts kann, als sündigen; aber das weiß ich auch gewiß, daß Jesus *mein* Jesus ist. Und wenn mir in der Hitze der Anfechtung auch dieser Trost zuweilen entfallen will, so klammere ich mich doch an Ihn an, denn Er ist mein einziger Anker in dem Schiffbruch meines eigenen Verdiensts, den ich täglich erleide. Der Grund, auf den ich gründe, ist Christus u. sein Blut. Diesen Grund verkündige ich auch, u. will ihn verkündigen.«
Austräglich für unsern brüderlichen Verein ist in der lezten Zeit auch das geworden, daß mehrere unter uns krank wurden u. mehr od[er] weniger es noch sind, namentlich der liebe Vikar Flad, der jezt, um seines angegriffenen Körpers willen, stille sitzen u. den Willen Gottes abwarten muß, der liebe Vicar Stotz, der im vorigen Jahr bey Eurer Conferenz, liebe Väter u. Brüder! persönlich zugegen war, u. bald nach seiner Rückkunft von der Reise, da er mit Freuden in ein neues Arbeitsfeld eingetreten war, krank wurde u. noch ziemlich schwach ist, u. der liebe Pfarrer Seger, der nun, nachdem er in seiner neuen Gemeinde Strümpfelbach eine Zeitlang mit Segen gearbeitet hat, durch heftigeren Ausbruch einer Krankheit, an der er schon lange periodisch litt, so geschwächt ist, daß er eines Gehilfen bedarf. Mit der Krankheit ist auch immer mancherley andere Noth verbunden, u. die ist auch bey uns übrigen, die wir nicht körperlich leiden, nicht selten. Das Alles dient uns nun dazu, daß wir die wun-

derbare u. doch treue Seelenpflege des Heilands an einander, wie Jedes an sich selbst, näher kennen lernen, u. daß wir desto angelegentlicher für einander beten. O daß wir darin nur inbrünstiger u. fleißiger wären. Auch erkennen wir, daß das neue Gebot, Joh[annes] 13,34, das der Heiland den Seinen, da er aus Liebe für sie in den Tod gieng, hinterlassen hat, uns auf Seinen Tod verbundene Brüder ganz besonders angeht, u. daß wir nicht allein zu gemeinschaftlicher Erbauung, sondern auch zu gegenseitiger Handreichung in Wort u. That mit ungetrübter Bruderliebe uns miteinander verbunden haben. Es darf uns ja nichts, was dem Bruder Kummer macht, oder worin er Gefahr läuft, fremde bleiben. Wir bitten darum, daß uns der liebe Heiland selber, als Aeltester, der sich nicht schämt, unser Bruder zu heißen, in dieß Bruderleben immer völliger einführen u. uns dabey Seine Nähe u. Seine nie fehlende Hilfe stets zu erkennen geben möge.

Bey unsern Zusammenkünften, die wir außer der nur alle Halbjahr stattfindenden größern Conferenz in Stuttgardt, von 6 zu 6 Wochen in engerm Zirkel abwechselnd bey dem einen u. dem andern unter uns halten, haben wir Sein Wort: »wo 2 od[er] 3 in meinem Namen versammelt sind, da bin ich mitten unter ihnen«, [Mt 18,20] zum Preis seiner Gnade auch im lezten Jahre erfahren dürfen. Wir dürfen es bezeugen, unsre Zusammenkünfte sind in der Zeit noch gesegneter geworden, als sie es früher waren. Unser Verlangen dabey war nemlich von Anfang an nicht Förderung im Wissen, sondern Förderung im Glauben u. Leben, weil wirs alle durch Gottes Gnade erfahren haben, daß das rechte Wissen erst aus dem Glauben u. Leben kommt, Joh[annes] 8, 31.32. Nur wußten wir von Anfang nicht recht, wie wir es angreifen sollten, daß wir beym Herzen bleiben u. das Gespräch nicht in Aeußerlichkeiten übergienge; aber es ist uns je mehr u. mehr hierin zurechtgeholfen worden. Es ist nun zur Regel bey uns geworden, daß wir nach dem Gesang u. Gebet, daß der Heiland unsern Herzen nahe seyn u. bleiben möge, u. nach einer Einleitung des Gesprächs, die sich an die Tageslosung anknüpft, zuerst der Reihe nach einander unsern Herzensgang offen darlegen, u. dann mit einander einen Abschnitt aus der Schrift (gegenwärtig aus dem 1. Brief Joh[annes]) so, wie es die Bedürfnisse unserer Herzen erfordern, betrachten. Wir haben es auf solche Weise erfahren, daß der Geist der Offenherzigkeit eine edle Gnade ist, durch die ein jedes Herz gedeiht, das sie empfangen hat, u. der treue Heiland wolle uns diese Gnade immer völliger schenken, u. sich, wenn wir so mit offenen Herzen vor Ihm beysammen sind, immer fühlbarer mit Seinem Trost, Licht u. Leben zu uns bekennen. Erst Nachmittags kommen die besondern Amts- u. Lebensangelegenheiten vor, die Einzelne vorzubringen haben, u. eh wir auseinandergehen, vereinigen wir uns noch einmal miteinander im Gebet, bitten um neue Absolution, um neue Gnadenleitung, u. bitten auch für die Brüder. Wir wissen es auch aus Erfahrung, daß uns etwas abgeht, wenn wir je u. je einzeln verhindert werden, einmal die Zusammenkunft der Brüder zu besuchen; deswegen ist es unser Sinn, dieselbe nie zu versäumen, wenn wir nicht durch die dringendsten Hindernisse davon abgehalten werden. Die Segnungen aber, die wir dabey erfahren, sind auch ein freyes Gnadengeschenk unsers erhöheten u. nahen Heilandes, u. wir können Ihm auch dafür nicht genug danken.

Von den uns anbefohlenen Gemeinden können wir im Allgemeinen nicht viel sagen, weil hier die Verhältnisse gar verschieden sind. Der Eine steht an einer sehr großen u. weitläuften Gemeinde u. ist mit Geschäften überhäuft u. es kränkt ihn, daß er die einzelnen Seelen nicht genug kennen lernen kann; der Andere steht in einer kleineren Gemeinde, die leicht auch ins Einzelne zu übersehen wäre, aber es thut ihm wehe, daß sich in dieser Gemeinde, ob er ihr gleich schon mehrere Jahre das theure Evangelium predigt u. Christi Gnade anbietet, noch keine Besserung der Herzen in der Erkenntniß der Sünde u. im wahren Verlangen nach dem Heiland zu fühlen geben will; der dritte, früher gewohnt, in seiner vorigen Gemeinde in der Gemeinschaft mit den Glaubigen u. in ihren Versammlungen selber auch Nahrung u. Erquikung für sein Herz zu suchen u. zu empfangen, klagt darüber, daß in seiner jezigen Gemeinde die Mitglieder der Versammlungen sich ihm als Parthie gegenüberstellen. Wir alle aber haben am meisten zu klagen über unsere eigene Saumseligkeit, Trägheit u. Ungeschicktheit im Amte, die hauptsächlich darin besteht, daß unsere eigene Herzen nicht beständig angethan sind mit dem Geist der Gnade, der Herzensdemuth, der Sanftmuth, der Geduld, der innigen Liebe zu den theuererkauften Seelen u. des innigen Erbarmens mit ihnen; was wieder seinen Grund darin hat, daß wir nicht unverrückt in der Gemeinschaft mit dem Heiland bleiben, die doch so selig ist. Lieben Väter u. Brüder! wo's fehlt, wissen wir oft wohl; aber das Wissen machts eben noch nicht aus. Ach daß das, was wir aus dem Worte Gottes, u. auch aus Erfahrung in unsern gegenseitigen Mittheilungen mit dem Munde bekennen, auch lauter Leben, u. durchaus lebendige, jede andre Stimme des alten Menschen in uns verschlingende Wahrheit wäre! Die verschiedenen Gesinntheiten in uns selber, die Gesinntheit des alten u. die Gesinnung des neuen Menschen, gegenüber von einander [einander entgegengesetzt], sind das Beklagenswertheste. Und so haben wir an uns selber im Grund das Nemliche zu beklagen, was auch an unsern Gemeinden die wichtigste u. umfassendste Klage ist, nemlich, daß das innere christliche Leben dem Schatze der heilsamen Erkenntniß, die unter uns ausgebreitet ist, leider nicht entspricht, wie es entsprechen sollte. Hören wir von dem durch neue Ausgießung des heiligen Geistes frisch erwachenden Leben in andern Theilen der Christenheit u. unter den bekehrten Heiden, so müßten wir uns über das alte, schläfrige, selbstgenügsame Wesen, in dem man bey uns noch immer versunken ist, für uns u. unsere Gemeinden tief schämen. Gewiß ein innigeres, dringenderes Anhalten um neue Ausgießung des heiligen Geistes ist unter uns, in der Weite der alten Christenheit, das Wichtigste u. Nothwendigste. Der Herr hat seine Zeit u. Stunde, da Er die Gläubigen

unter uns auch zu neuer, ernstlicherer, allgemeinerer Fürbitte
erwecken wird; aber die erst um die elfte Stunde in den
Weinberg hinausgiengen, waren doch selber daran schuldig,
daß sie erst um die elfte Stunde kamen [vgl. Mt 20,1-16].
Darum, herzlich geliebte Väter u. Brüder! bitten wir Euch
herzlich u. dringend um Eure Fürbitte für uns u. unsre Gemeinden: wir bitten Euch, auch einzeln, wenn Ihr zu Hause
seyd, der Brüder u. des Christenvolks in Würtemberg vor
dem Herrn der Gemeinde zu gedenken. Wir wollen dasselbe
auch für Euch in unsern Zusammenkünften u. einzeln in unsern Kämmerlein thun, u. wollen es unser innigeres u. stete-
res Anliegen werden u. seyn lassen, das das selige Gnaden-
reich Jesu in unsern Herzen völlig zu Stande kommen u.
Sein herrlicher, großer Tag über der Gemeinde anbrechen
möge!
Eure im Trost aus Jesu Tod u. in der Hoffnung auf das mit
Seinem Blut versiegelte Kommen Seines Reichs in herzlicher
Liebe verbundene Brüder:
[Unterschriften]

> Pfarrer Höchstetter in Reichenbach ob
> Plochingen,[152]
> [...] dessen Sohn
> Vicar Höchstetter in Reichenbach[153]
> Weitbrecht, Pf. in Hegenlohe
> Lechler, Pf. in Adelberg[154]
> Pichler, Pf. in Wangen[155]
> Pfarrer Liesching in Grunbach
> Heim, Diac. in Winnenden
> Camerer, Pfarrer in Botenheim
> Rommel, Pfarrer in Winterbach
> Kling, Diac. in Waiblingen
> Seeger, Pfarrer in Strümpfelbach[156]
> Roos, Pfarrer in Oßweil
> Pfarrer Hölder in Nellingen
> Helfer Zeller in Besigheim[157]
> Vicar Stotz von Rosenfeld[158]

Vikar Klemm in Winnenden
Vikar Bunz in Winnenden[159]
Vikar Klemm in Oßweil
Vikar Völter in Nellingen[160]
Vikar Hofacker, in Rielingshausen[161]
Vikar Flad von Stuttgart.

ANMERKUNGEN

[1] Erweiterte Fassung eines Vortrags, der am 19. April 1998 in der Leonhardskirche Stuttgart anläßlich der Festveranstaltung der Evangelischen Landeskirche in Württemberg zum 200. Geburtstag von Ludwig Hofacker gehalten wurde.

[2] Zum Verständnis Hofackers in unterschiedlichen, meist apologetischen Zusammenhängen vgl. neben Knapp 1852 und Hofacker 1859 (Mitteilungen, VIIff.) unter anderem Brömel 1874, 138-157, Claus 1888, 379-427, Jäger 1910, Wahl 1891, Nathusius 1904, Hauß 1924, 56-72, Hauß 1978 (zuerst 1937), 69-87, Roeßle 1946, Erb 1951, 394-399, Hauß 1957, 208-212, Pagel 1976 (1952), Grünzweig 1980, Scheffbuch 1988, Raupp 1993, 228-235. Zum näheren theologie- und kirchengeschichtlichen Verständnis siehe insbesondere Hermelink 1949, 362-370; Niebergall 1954, 323ff.; Haarbeck 1961, Beyreuther 1963, Schäfer 1986 (mit Bibliographie). Beyreuther 1988 (mit Bibliogr.; zu streichen ist der Titel S. 137 unten: Ludwig Hofacker, Das große Jenseits; es handelt sich bei diesem Autor nicht um den Erweckungsprediger Hofacker, sondern um den gleichnamigen Swedenborganhänger), Raupp 1989 (mit Quellen und Literatur). Zum Gesamtzusammenhang vgl. künftig auch den dritten Band der »Geschichte des Pietismus«, hg. v. Martin Brecht u.a., Göttingen 1993ff. – Die Abk. folgen in der Regel dem Abkürzungsverzeichnis der Theologischen Realenzyklopädie, hg. v. Siegfried M. Schwertner, 2. überarb. u. erw. Aufl., Berlin u.a. 1994.

[3] Zu Barth vgl. Raupp 1998. Anfängliche Teilnehmer der Korrespondenz waren neben Hofacker, Barth und Knapp: Gottlob Baumann (1794-1856), Pfarrverweser und dann Pfarrer in Notzingen, Sigel 10,1, 172; Ludwig Friedrich Bezner (1788-1850), Vikar in Baiersbronn, Sigel 10,1, 315; Joh. Christian Friedrich Burk (1800-1880), Diakon in Bad Liebenzell, Sigel 10,2 577f.; Albert Heinrich Christian (1799-1859), Vikar in Renningen, Sigel 10,2, 653; Chr. Christoph Eipper (1799-1877), Repetent am Evangelischen Stift in Tübingen, Sigel 11,1, 957; Wilhelm Friedrich Roos (1798-1868), Vikar in Marbach, später Unterzeichner der Schreiben nach Herrnhut,

s. Anhang, Text 1 und 2; Karl Gottlob Schmid (1799-1871), Vikar in Esslingen, Sigel 15,2, 820; Joseph Karl August Seeger (1795-1864), Pfarrer in Strümpfelbach, wie Roos Unterzeichner des zweiten Schreibens nach Herrnhut, s. Anhang II. Brief.

[4] Knapp 1852, 334, 340, 342f. Die erweiterte pietistische »Ahnenreihe« in Knapps Leichenrede für Wilhelm Hofacker 1848 umfaßt neben J. H. Hedinger und G. K. Rieger auch Johann Andreas Hochstetter (1637-1717), den »württembergischen Spener«, den Bengel-Schüler Johann Christian Storr (1712-1773) und selbst dessen Sohn, den Tübinger Theologen Gottlob Christian Storr (1746-1805), sowie Karl Heinrich Rieger (1726-1791, Sohn von Georg Konrad Rieger) und – natürlich – Christian Adam Dann (1758-1837) im Übergang zur Erweckungsbewegung; weiter führt die Reihe über Ludwig zu Wilhelm Hofacker. Hofacker, W. 1853, XIX.

[5] AELKZ 29.1896, 652.

[6] Zu M. Hahns Zurückhaltung gegenüber einer endzeitlich motivierten Auswanderung vgl. Lehmann 1995.

[7] Vgl. schon den Schluß von Chr. G. Barths »Geschichte Württembergs« aus dem Jahr 1843, Barth 1986, 277f.; zum ländlichen »Sklavenleben«, in das die Leute nach Hofackers Bericht (1826) im Kampf um das tägliche Brot, d.h. um Kartoffeln, hineingewachsen sind, vgl. Knapp 1852, 222; zur Gesamtlage s. Weller 1979, 96ff., Boelcke 1989, Schwarzmaier (Hg.) 1992, 235ff., 477ff. Verantwortlich für die schwierige Lage war die Nachkriegsdepression auf dem Agrarsektor, die über die Mitte der 20er Jahre hinauswirkte und besonders in Landwirtschaft und Textilverarbeitung viele Konkurse mit dem zwangsläufigen Verlust von Arbeit und Besitz mit sich brachte. Wichtige Reformen »von oben« erfolgten auf dem Gebiet des Schul- und Fortbildungswesens; zukunftsweisend war auch die Einrichtung von Sparkassen.

[8] Vgl. Müller 1925.

[9] Hofacker, W. 1853, XXXI.

[10] Vgl. Krummacher 1935, zu Hofacker kurz 100f., 104f., wo allerdings das Verhältnis zu Hofacker sachlich nicht befriedigend bestimmt wird.

[11] Die Kritik, die Chr. G. Barth 1828 anläßlich eines Besuchs von G. D. Krummacher aus Elberfeld und Ewald Rudolf Stier (1800-1862) aus Basel kurz nach L. Hofackers Tod an beiden übte (einmal gegen das »steife Anhängen an orthodoxe Formeln«), dürfte im Freundeskreis Konsens gewesen sein; Zirkularkorrespondenz c 128^r – 130^v. Die Kritik gilt einmal der Krummacherschen Verbindung von Rechtfertigungslehre und strenger Prädestinationsauffassung,

die zu Barths Bedauern jeden Gedanken an eine Allversöhnung aus-
schloß, sodann den von Stier vorgebrachten Grundsätzen vom
mehrfachen Schriftsinn, welche nach Barth der Willkür in der Bibelauslegung Tür und Tor öffneten. Stier, Verfasser des Liedes »Licht,
das in die Welt gekommen ...«, EG 592, ist zu jener Zeit Lehrer am
Basler Missionshaus.

[12] Vgl. Krummacher 1869, 164f. Der Besuch am Sterbebett galt ihm
als die »köstlichste Ausbeute meiner Württemberger Reise«; Hofak-
ker hat Krummacher demnach in einem »letzten Wort« ermutigt:
»Laß die Posaune Zions nicht von Deinem Munde, so lange ein
Odem in Dir ist!« Ebda., 165.

[13] Predigten 1, 349f. In den Textverweisen beziehe ich mich der Ein-
fachheit halber auf die beiden Predigtbände des leider nach unklaren
Kriterien sprachlich modernisierten Neudrucks, Hofacker 1998.
Sollen die entsprechenden Stellen in früheren Drucken bzw. in der
älteren maßgeblichen Ausgabe (Hofacker 1859) aufgefunden werden, so ist der Neubeginn der Zählung im zweiten Band der Neuausgabe zu berücksichtigen (die dortige Predigt Nummer 1 entspricht der Nummer 46 der älteren Ausgabe).

[14] Vgl. Knapp 1852, 2f., Haarbeck 1961, 7ff.

[15] Vgl. für die Schweiz kurz Lehmann 1969, 188f., Gäbler 1991,
176f.

[16] Hofacker 1998.

[17] Zu frühen Urteilen über Hofackers Predigtweise vgl. Hofacker
1859, XLIXff.

[18] Nach Hofacker, W. 1853, XXI.

[19] Vgl. Hofackers eigene Erzählung seines geistlichen Werdegangs in
der Schilderung seines Lebenslaufes beim Amtsantritt in Rielingshausen, Zum Gedächtnis ... 1828, 17-27, bes. 19ff.

[20] Nach Knapp 1852, 187.

[21] Zu den Kuren in Bad Teinach, St. Moritz u.a. im Jahr 1825 s. Zum
Gedächtnis ... 1828, 24f.

[22] Vgl. Zum Gedächtnis ... 1828, 20; Knapp 1852, 14ff. Der Vater
scheint die Geisteskrankheit seines Sohnes mit auf die Lektüre von
Jakob Böhme zurückgeführt zu haben, ebda. 16, ein Zeichen für
des Vaters starke innere Abwehr von »überspannten Ideen« und
»Schwärmerei« im Rahmen einer traditionellen, von der Storrschen
Orthodoxie geprägten Kirchlichkeit.

[23] Zirkularkorrespondenz a 39.

[24] Vgl. Zirkularkorrespondenz b 6 (nach zehnmonatiger Krankheit geschrieben am 25. April 1825); Knapp 1852, 232.

[25] Zirkularkorrespondenz a 35; vgl. Hofacker 1859, XXXIIIf.

26 Zirkularkorrespondenz a 108f.

27 Über die Vergewisserungsfunktion von Selbstbeobachtung und Selbstbeschämung gibt die Zirkularkorrespondenz reichlich Auskunft. Vgl. auch den Bericht über Hofackers Verhalten in der Zeit vor seinem Sterben, Zum Gedächtnis ... 1828, 31; hier wird deutlich, daß die negative Selbstthematisierung auch stilistisches Gegenstück zum Preis der göttlichen Gnade und Liebe ist.

28 Alle Tüchtigkeit im Amt komme »aus dem inneren Herzensstande«, Zirkularkorrespondenz a 36f.

29 Zirkularkorrespondenz a 107.

30 Zirkularkorrespondenz a 154f.

31 Zirkularkorrespondenz a 74; b 119f.

32 Zirkularkorrespondenz a 154.

33 Besonders deutlich im Eintrag vom 26. April 1824, Zirkularkorrespondenz a 70-74.

34 Insgesamt charakteristisch für diesen Abschnitt ist der Beitrag Hofackers zur Zirkularkorrespondenz vom 2. Februar 1824, a 33-39, das Schlußzitat ebda., 39. Hofacker bekennt, er habe bislang nur in drei Stunden seines Lebens völligen Seelenfrieden erfahren, ebda., 34. Zur erzieherischen »Arbeit« des Heiligen Geistes vgl. Zum Gedächtnis ... 1828, 23.

35 Zirkularkorrespondenz c 52^{r} (1527).

36 Nach G. Fr. Rommels Erinnerung in der Grabrede 1828, Zum Gedächtnis ... 1828, 7f. Thema der Grabrede war die freie Gnade Gottes in Christus nach dem Text Eph 2,8f.

37 Zum Gedächtnis ... 1828, 20. Ewald (Hg.) 1817, vgl. Predigten 2, 219f.

38 Schon Brömel 1869, 156, merkt kritisch gegen Knapps uneingeschränktes Hofackerlob mit einigem Recht an: »... mit der ganzen Schriftlehre, mit einer durch theologisches Studium geläuterten ... Erfahrung und mit einer in Geduld bauenden Predigt ... würde Hofacker viel größer gewesen und viel weiter gekommen sein, er würde nicht bloß erweckt, er würde auch aufgebaut haben.« Zudem vermißt er bei Hofacker die »Freude des Ostermorgens« und die Gewißheit des Glaubens an die Auferstehung, die angesichts der steten Klage über unvollkommene Buße zu kurz komme, ebda. 156f., ein wenig überzeugendes Urteil, wie schon ein Blick auf die Grabreden Hofackers zeigt. Eher verständlich erscheint der Schluß: »Wir begreifen es, daß viele noch heut zu Tage die Hofackerschen Predigten lesen, ohne in ihrem Glauben auch nur einen Schritt weiter zu kommen und fest zu werden. Wer nur immer Hofacker lieset, von dem ist zu fürchten, daß er seinen Appetit verdorben habe und seinen

Hunger durch Gewürz stillen will, wie Hofacker selbst von der Möglichkeit der Wirkung seiner Predigt sagt, weshalb er nicht zwei Jahre an Einem Orte habe bleiben dürfen. Ueber zwei Jahre wird man Hofackers Predigten unbeschädigt auch nicht lesen können.« Ebda., 157.

[39] Vgl. Zirkularkorrespondenz a 37.

[40] Predigten 2, 181.

[41] Vgl. Zum Gedächtnis ... 1828, 27; das abschließende Verszitat stammt aus dem bekannten Paul-Gerhardt-Lied »Ist Gott für mich, so trete ...«, EG 351,3; vgl. Predigten 2, 499. Der Abschnitt ist auch im Schreiben nach Herrnhut 1829 wiedergegeben, s. unten Anhang Brief 2.

[42] Zum Gedächtnis ... 1828, 11f.

[43] Zum Gedächtnis ... 1828, 31.

[44] Brömel 1869, 143, bezeichnet Hofacker wegen seiner betonten Innerlichkeit und Selbstverleugnung übertrieben sogar als »evangelischen Tauler«.

[45] Vgl. Zirkularkorrespondenz a 38.

[46] Vgl. Zirkularkorrespondenz a 35, b 199; Hofacker 1823, 7 (= Predigten 2, 850); dieselbe Wendung »*an* den Wunden ...«, die den drastischeren Ausdruck »*in* den Wunden ...« entschärft, findet sich auch in der Grabrede G. F. Rommels 1828, Zum Gedächtnis ... 1828, 7, vgl. Predigten 2, 497. In der Sache besteht zwischen »an« und »in« kein Unterschied. So kann Hofacker Anfang Februar 1824 den Freunden schreiben, es werde ihm wohl, wenn er sich »mit der ganzen heimlichen Verdammung meines Herzens in die Wunden Christi auf Gnad und Ungnad« befehle, oder Anfang November 1824: »Ich finde nirgends meine Ruhe, als in dem geschlachteten Lamm Gottes ...«, Zirkularkorrespondenz a 35, a 153; vgl. Predigten 2, 117.

[47] Vgl. z. B. Predigten 1, 644; 2, 23, 26 (zu Joh 3,1-15); 2, 648ff. (zu Hebr 9,11-15).

[48] Vgl. Zirkularkorrespondenz b 119.

[49] Vgl. Knapp 1852, 214 (aus einem Zirkularschreiben vom 2. Oktober 1826).

[50] Vgl. insgesamt Meyer 1995, 3-106, 65ff.

[51] Unitätsarchiv Herrnhut, Sign.: R 19 B 1.9.117,4-6; 120,8; 141,53; 144,16 (freundliche Mitteilung vom 10. Juli 1998).

[52] Vgl. Müller 1925, 3ff., 40ff.

[53] Hofacker bezeichnet Roos beim Amtsantritt in Rielingshausen als seinen »vertrauteste[n] Freund«; sie hätten gemeinsam fleißig studiert und gebetet und seien gemeinsam »an den Abgründen der

Schwärmerey« herumgetaumelt, vielleicht eine Anspielung auf die Böhme-Lektüre, Zum Gedächtnis ... 1828, 21.

[54] Zum Missionsmotiv bei Hofacker vgl. z. B. Predigten 2, 108f.

[55] Vgl. Hermelink 1949, 370, der bei Hofacker eine neue, bei J. A. Bengel und G. K. Rieger sich ankündigende, speziell württembergische Predigtart, die »numinose« oder »betende Predigt«, zur Blüte kommen sieht.

[56] Predigten 2, 212, vgl. 2, 575.

[57] Predigten 2, 277.

[58] Predigten 2, 199.

[59] Predigten 2, 605f.

[60] Predigten 2, 626, vgl. Predigten 2, 12ff., 249ff., 618ff.

[61] Predigten 2, 250f.

[62] Besonders aufschlußreich ist hierfür Predigt 29, Predigten 1, 549ff.; vgl. ebda., 624.

[63] Predigten 2, 250, vgl. ebda., 575f.

[64] Vgl. den Bericht bei Claus 1888, 398, wieder in Roeßle 1946, 45f.

[65] Vgl. Zirkularkorrespondenz a 70 (26. April 1824).

[66] Vgl. Predigten 2, 564ff., 565.

[67] Vgl. Zirkularkorrespondenz b 119.

[68] Predigten 1, 473-492, 490f.

[69] Zirkularkorrespondenz c 69^r.

[70] Zirkularkorrespondenz c 69^v.

[71] Burk 1763-1765. Hofacker 1859, XXVI.

[72] Vgl. Burk 1763, 33.

[73] Vgl. Knapp 1852, 51ff.

[74] Hofacker 1845, XXVI.

[75] Vgl. Burk 1763, 21f., 24.

[76] Burk 1763, 30ff.

[77] Vgl. Müller, G. 1962, 125ff.

[78] Predigten 1, 740, vgl. Predigten 2, 566.

[79] Predigten 2, 603.

[80] Zirkularkorrespondenz a 71.

[81] Vgl. Predigten 2, 566.

[82] Predigten 1, 633; 2, 502.

[83] Z. B. Predigten 2, 475ff.

[84] Vgl. die eher relativierende Sicht dieser »Bekehrung« in der Grabrede auf C. F. Hofacker, Zum Andenken ... 1824, 11: Hofacker habe sich beim Sterben »freudig in die Hände seines Erlösers« gegeben, »auf dessen *freye* Gnade er immer fest baute, die er aber besonders in seiner letzten Krankheit mit tiefer Innigkeit erfaßt hatte«.

[85] Hofacker, W. 1853, XXIf.

[86] Hofacker W. 1853, XXV. Beck 1886-1887. Zu Beck als Prediger vgl. Wolf 1967.

[87] Vgl. die beiden Predigten über die Bekehrung, Predigten 2, 473ff., über die Züge aus dem Herzens- und Lebenszustand unbekehrter und bekehrter Christen (!), sowie ebda., 491ff., insbesondere 486ff. und 492ff.

[88] Predigten 2, 565.

[89] Predigten 2, 604-616.

[90] Das Lied »Himmelan, nur himmelan ...« findet sich im neuen Evangelischen Gesangbuch (EG) nicht mehr, vgl. dagegen noch den Regionalteil Württemberg im EKG (1953), Nummer 515.

[91] Vgl. Hofacker 1824, 7; Hofacker 1824b.

[92] Vgl. z. B. die Aussagen: »Allein prüfe dich, untersuche deinen Glauben, ob er göttlicher Art sei. ... Darum untersuche dich, ob du auf rechtem Grund stehst.« Predigten 2, 233.

[93] Predigten 2, 473ff.

[94] Vgl. Predigten 2, 135ff.; 2, 185ff. Die Grundunterscheidung von Bekehrten und Unbekehrten kann verschieden erweitert werden, so daß – etwa im Anschluß an das Gleichnis vom Sämann Mt 13 – auch von vier »Klassen« von Hörern die Rede sein kann.

[95] Predigten 2, 163, vgl. ebda., 174 u.ö.

[96] Vgl. die am Ende der Predigten abgedruckten fünf Grabreden (in der Ausg. 1831 noch acht), Predigten 2, 821-854, sowie weitere überlieferte zeitgenössische Einzeldrucke wie Hofacker 1823 (= 5. Grabrede im Predigtband 2); Hofacker 1823a; Hofacker 1824, Hofacker 1824a (= 1. Grabrede im Predigtband 2); Hofacker 1824b, Hofacker 1825, Hofacker 1825a.

[97] Vgl. Hofacker 1859, XVf.

[98] Hofacker 1825, 5.

[99] Ebda., 6. Zum Hiobmotiv vgl. auch Hofacker 1823a, 4.

[100] Vgl. Zirkularkorrespondenz b 10f.

[101] Vgl. z. B. Predigten 2, 116ff. (zu Kol 3,25); 2, 573.

[102] Nach Knapp 1852, 267.

[103] Zirkularkorrespondenz c 97^{r} – 98^{r}.

[104] Vgl. z. B. Predigten 2, 199.

[105] Vgl. die Schilderung der frühen Erfahrungen von geistlicher Bruderschaft bei Knapp 1852, 55f.

[106] Hofacker, W. 1853, VII. Wilhelm berichtet, ein »Strom des Friedens« habe »mehrere Tage lichtvoll und kräftig« seine Seele erfüllt. Ebda., XXI.

[107] Vgl. Zirkularkorrespondenz c 18^{r} – 19^{v}.

[108] Zirkularkorrespondenz a 39.

[109] Vgl. z. B. Predigten 1, 672ff., 764ff.; 2, 504.

[110] Zirkularkorrespondenz a 39. Unmittelbar anschließend folgt das oben genannte Zitat: »Arme Sünder werden ..., das ist das Ziel ...«

[111] Zum judenmissionarischen Anliegen vgl. z. B. die *Missionslieder für Israel* von Albert Knapp (1836). Neben der vorherrschenden Betonung von Erwählung, Bund und Gottestreue gegenüber dem Volk Israel wird auch bewußt an gängige Antijudaismen angeknüpft, etwa wenn es in einem Lied im Blick auf die wirkungsgeschichtlich so verhängnisvoll gewordene sog. Selbstverfluchungsformel von Mt 27,25 heißt: »Was sie [die Juden] sich aufgeladen (und Du erfüllt nach Recht) *Dein Blut* – komm jetzt in Gnaden auf Dein erwählt Geschlecht!« (Nr. 4, V. 6), vgl. Nr. 16, V. 3, Nr. 19, V. 1. Ähnliches gilt für das Thematisieren des »ewigen Juden« und seiner Kainsexistenz im Exil, Nr. 18-21 (»Israels Zertretung«).

[112] Vgl. Predigten 2, 484, 567ff.

[113] Predigten 2, 20.

[114] Predigten 2, 571.

[115] Vgl. Predigten 2, 18, 598; zur öffentlichen Beschämung der Tanzwilligen in der Traupredigt vgl. Knapp 1852, 136ff.

[116] Zirkularkorrespondenz b 5-12, 10f. (25. April 1825).

[117] Zum pietistischen Urteil über Spiel und Tanz unter Rückgriff auf Luther vgl. noch Wilhelm Hofackers verteidigende Replik auf Märklin, Hofacker, W. 1839, 19, 54ff. Nach W. Hofacker verschwieg Märklin, der Luthers tolerantere Haltung rühmte, die Gefahr, die generell von den Tänzen – und nicht nur von den derben Bauern- und Volkstänzen – für die »Reinheit des Herzens« durch offenherzige Kleidung und sinnenberauschende Musik ausgehe. Das Urteil des Pietismus gelte dem Tanz in concreto, nicht an sich, ebda., 57 Anm.

[118] Knapp 1852, 59f. Jean Paul nimmt in der »Vorschule der Ästhetik« verschiedentlich lobend auf Herder Bezug, am ausführlichsten wohl im Zusammenhang der Kantate-Vorlesung, Jean Paul, Sämtliche Werke. Abt. 1, Bd. 5, 442ff.

[119] Hofacker, W. 1853, XXI.

[120] Vgl. Weller 1979, 119ff.; Nachricht ... 1836. Zu Hofackers frühen Kontakten zu Korntal vgl. Knapp 1852, 101ff.

[121] Vgl. Brecht u. a. (Hg.) 1995, 700-754. Zum Spätaufklärungspietismus im Übergang vom 18. zum 19. Jahrhundert s. auch Kirn 1998.

[122] Der Begriff bezeichnet die nach 1740 vorherrschend werdende Richtung aufklärerischer Theologie, welche die kirchliche Überlieferung rein historisch interpretiert, ohne die Offenbarung selbst zu leugnen. Gesucht wird eine zeitgemäße (»vernünftige«) Begründung

ihres religiösen und moralischen Anspruchs, ausgehend von der inneren Erfahrung des einzelnen. Wie im Pietismus gewinnt das gläubige Subjekt eine starke Stellung, auch wenn die Glaubensinhalte verschieden bestimmt und gedeutet werden.

[123] Vgl. Hofacker 1853, L.

[124] Zur dämonisierenden Kritik an Neologie bzw. Aufklärung im allgemeinen vgl. z. B. Predigten 1, 669; 2, 106f.; 2, 270f. Zur Sicht der Französischen Revolution vgl. z. B. Barth 1986, 277. Entsprechend kann Hofacker einem Freund empfehlen, vor allem Theologen zu lesen, die (schon) vor der »Wende« um 1750 schrieben; dazu zählt er neben J. Arndt vor allem J. A. Bengel, F. Chr. Steinhofer, F. Chr. Oetinger, Schriften aus der Brüdergemeine, also insbesondere Zinzendorf und Spangenberg, und, als Ausnahme jüngerer Autoren, den Bengelschüler M. F. Roos. Von Luther ist hier nicht die Rede. Knapp 1852, 275.

[125] Hofacker, W. 1853, XXVIII.

[126] Ebda., XXX.

[127] Vgl. z. B. Predigten 2, 588ff., 599.

[128] Zirkularkorrespondenz c 51^v. Vgl. Hofacker 1859, XVII; das dortige Zitat sucht die herbe Konkretheit der Korrespondenz zu vermeiden, indem aus dem »Armesünderloch« das »Armensündergefühl« bzw. aus dem folgenden »Loch« das »Gefühl« wird, ein Beleg für die (übergroße) Freiheit zur Glättung, die man sich oft beim Zitieren nahm. Zu ähnlichen antinomistischen Tendenzen in der niederrheinischen Erweckungsbewegung vgl. Krummacher 1869, 170.

[129] Zirkularkorrespondenz c 18^{r}ff.

[130] Zirkularkorrespondenz c 53^r. Vgl. die Aufnahme des Zitats bei Gäbler 1991, 175.

[131] Vgl. Barth 1839, 13; zum frühen Barth s. Raupp 1998, bes. 157f.

[132] Vgl. Denkmal ... 1837. Zu Dann s. immer noch kurz ADB 4, 740f.

[133] Zu Kling vgl. ADB 16, 185; RE 3. Aufl., 10 (1901), 575f. Kling trat schon 1824 durch eine Ausgabe von deutschen Predigten Bertholds von Regensburg hervor, die er im Auftrag des überlasteten Neander besorgte; später edierte er die Vorlesungen von Johann Friedrich Flatt zu den neutestamentlichen Briefen (1828-1831).

[134] Predigten 2, 180f.

[135] Vgl. z. B. die Neujahrspredigt über Lk 2,21, in: Predigten 1, 255ff.

[136] Der zuerst von Müller 1925, 43-50, vollständig abgedruckte vierseitige Brief wird hier wegen seines hohen Informationsgehalts nochmals leicht verbessert nach dem Original wiedergegeben, Archiv der Brüder-Unität Herrnhut, Sign.: R 18 A 27.b.16. 19. Offenkundige Schreibfehler sind übergangen, die Zeichensetzung folgt, soweit es

der besseren Lesbarkeit dient, den heutigen Regeln. Eckige Klammern markieren eigene Ergänzungen bzw. Hinweise; runde Klammern stehen im Originaltext; Unterstrichenes ist kursiv wiedergegeben.

[137] Schon für Zinzendorf war das hohepriesterliche Gebet neben Joh 11,52 die zentrale biblische Begründung für die Diasporaarbeit, vgl. Meyer 1995, 65.

[138] Fälschlich für das tatsächliche Todesjahr 1819.

[139] Gottlob Friedrich Rommel (1790-1833), von 1826 bis 1833 in Winterbach; Sigel 15,1, 526. Rommel hielt als älterer Freund die Grabrede für Ludwig Hofacker.

[140] Friedrich Jakob Philipp Heim (1789-1850) war stets stark pädagogisch und sozial engagiert; 1820 errichtet er ein Schullehrerseminar, bekannt wird er als Mitbegründer und Vorsteher der Winnender Paulinenpflege für verwahrloste Kinder und Taubstumme (1823-1842), zuletzt ist Heim als Dekan in Tuttlingen tätig; Sigel 12,2, 699.

[141] Christian Friedrich Kling (1800-1862) wird 1833 Theologieprofessor in Marburg, 1842 in Bonn, und kehrt 1849 als Pfarrer nach Württemberg zurück, er wirkt zuletzt als Dekan in Marbach. Sigel 13,1, 278, vgl. ADB 16, 185; RE[3] (1901), 575f.

[142] Karl Heinrich Liesching (1809-1874), von 1827-1838 Pfarrer in Grunbach (Remshalden); Sigel 13,2, 622.

[143] Johann Karl (II.) Hölder (1793-1853); Sigel 12,2, 941, vgl. Henninger 1990.

[144] Wilhelm Friedrich Roos (1798-1868) in [Ludwigsburg-]Oßweil war seit 1825 zugleich Arbeitshaus- bzw. Zuchthausgeistlicher in Ludwigsburg; Sigel 15,1 532.

[145] Johann August Camerer (1790-1870), 1818-1831 Pfarrer in Botenheim; Sigel 10,2, 619.

[146] Von Flad ist wenig bekannt, der zweite Brief erwähnt eine ernste Erkrankung.

[147] Gemeint ist wohl Johann Gottlob Friedrich Bunz (1799-1856); Sigel 10,2, 561, vgl. Brief II. (Bunz jetzt in Winnenden).

[148] Christian Imm. Friedrich Klemm (1804-1863); Sigel 13,1, 264, vgl. Brief 2 (Klemm jetzt in Winnenden).

[149] Jakob Friedrich Weitbrecht (1798-1868), 1822 Instruktor der königlichen Prinzen von Württemberg, von 1824-1833 Pfarrer in Hegenlohe; Sigel 17,1, 681.

[150] Archiv der Brüder-Unität Herrnhut, Sign.: R 18 A 27.b.16. 44.

[151] Zur Herausgabe der Predigten vgl. Knapp 1852, 266ff.

[152] Johann Friedrich B. Höchstetter (1775-1840); Sigel 12,2, 896.

[153] Johann Gottlieb G. D. Höchstetter (1803-1857); Sigel 12,2, 896.
[154] Gottlob Ludwig Lechler (1793-1861); Sigel 13,2, 555.
[155] Eberhard Ludwig Pichler (1798-1846); Sigel 14,2, 245f.
[156] Joseph Karl August Seeger (1795-1864), Verfasser von Jugendtrak-taten; Sigel 16,1, 15.
[157] Magnus Friedrich (II.) Zeller (1803-1843); Sigel 17,2, 935.
[158] Wohl Johann Martin Stotz (1801-1855); Sigel 16,2, 256.
[159] Wohl Johann Gottlob Friedrich Bunz (1799-1856); Sigel 10,2, 561.
[160] Johannes (II.) Völter (1804-1899); Sigel 17,1, 509.
[161] Wilhelm Friedrich Imm. Hofacker (1805-1848), der Bruder Lud-wigs.

QUELLEN UND LITERATUR

Archiv der Brüder Unität Herrnhut:
   R 18 A 27 b.16.19 u. 44
   R 19 B 1.9.117, 4-6; R 19 B 1.9.119, 5f.; R 19 B 1.9.120, 8;
   R 19 B 1.9.141, 53. R 19 B 1.9.144, 16.
Württembergische Landesbibliothek Stuttgart, Handschriftenabteilung:
   cod. hist. qt. 451 a-c. Pietistische Zirkularkorrespondenz 1823ff.
Barth, Christian Gottlob: *Der Pietismus und die spekulative Theologie.*
   Sendschreiben an Herrn Diakonus Dr. Märklin in Calw. Stuttgart
   1839.
-: *Geschichte von Württemberg, neu erzählt für den Bürger und Land-*
   mann. Faks. Nachdr. d. Ausg. Calw 1843. Stuttgart u. Wien 1986.
Beck, Johann Tobias: *Vorlesungen über die Christliche Glaubenslehre, hg. v.*
   Julius Lindenmeyer, 2 Bde. Gütersloh 1886-1887.
Benrath, Gustav Adolf: *Art. Erweckung/Erweckungsbewegungen I. Hist.,*
   in: *TRE 10* (1982), 205-220 (mit Lit.).
Beyreuther, Erich: *Die Erweckungsbewegung. 2. Aufl.* (= KiG 4,R,1),
   Göttingen 1977.
-: *Ludwig Hofacker.* Wuppertal 1988.
Bilder aus der Erweckungsgeschichte des religiös-kirchlichen Lebens in
   Deutschland in diesem Jahrhundert. XI. Zweite Reihe. III. Ludwig Hof-
   acker. In: AELKZ, Nummer 28 vom 10. Juli 1896.
Boelcke, Willi A.: *Sozialgeschichte Baden-Württembergs 1800-1989. Poli-*
   tik, Gesellschaft, Wirtschaft (= Schriften zur politischen Landeskunde
   Baden-Württembergs 16). Stuttgart u.a. 1989.
Brecht, Martin u.a. (Hg.), *Geschichte des Pietismus.* Göttingen 1993ff.
   (angelegt auf 4 Bde., bislang sind erschienen Bd. 1, 1993, Bd. 2,
   1995).
Brömel, Albert R.: *Homiletische Charakterbilder. Bd. 1.* Leipzig 1869.
Burk, Philipp David: *Die Rechtfertigung und deren Versicherung im Her-*
   zen nach dem Worte Gottes betrachtet ... 3 Bde., Bd 1 (Teil 1-3): 2.
   Aufl. [Teil 1-3: 1763; Teil 4-6: 1764. Teil 7-8: 1765]. Stuttgart 1763-
   1765.
Claus, Wilhelm: *Von Brastberger bis Hofacker. Bilder aus dem christlichen*
   Leben Württembergs (= Württembergische Väter 2). Calw u. Stutt-
   gart 1888.

89

Denkmal der Liebe für den vollendeten M. C. A. Dann, Stadtpfarrer bei St. Leonhardt in Stuttgart. Stuttgart (1837).

Erb, Jörg: *Die Wolke der Zeugen. Lesebuch zu einem evangelischen Namenskalender. Bd. 1.* 5. Aufl. Kassel 1962.

Ewald, J. L. (Hg.): *Leben und Tod eines christlichen Ehepaars, Herrn Dr. J. H. Jung-Stilling ... und dessen Gattin.* Stuttgart 1817.

Gäbler, Ulrich: *Art. Erweckungsbewegung,* in: EKL^3 1 (1986), 1081-1088.

-: *»Auferstehungszeit«. Erweckungsprediger des 19. Jahrhunderts. Sechs Porträts.* München 1991.

Grünzweig, Fritz: *Ludwig Hofacker und sein Ruf an uns heute.* In: Sorg, Theo (Hg.): *Leben in Gang halten. Pietismus und Kirche in Württemberg.* Metzingen 1980, 127-140.

Haarbeck, Hans Jakob (Ako): *Ludwig Hofacker und die Frage nach der erwecklichen Predigt* (= Zeugen und Zeugnisse 8). Neukirchen 1961.

Hauß, Friedrich: *Erweckungspredigt und Erweckungsprediger. Die Erweckungspredigt des 19. Jahrhunderts in Baden und Württemberg. Eine Untersuchung über die Ursache ihres Erfolges ...* Pforzheim 1924.

-: *Väter der Christenheit. [Bd. 2] Von den Hütern des reformatorischen Erbes bis zu Johann Christoph Blumhardt und seinen Geistesverwandten.* Wuppertal 1957.

-: *Die uns das Wort Gottes gesagt haben. Lebensbilder und Glaubenszeugnisse aus dem schwäbischen Pietismus: Johann Albrecht Bengel, Johann Friedrich Flattich, Friedrich Christoph Oetinger, Ludwig Hofacker ...* Neuhausen-Stuttgart 1978.

Henninger, Margarete: *Friedrich Jakob Philipp Heim 1789-1850. Gründer der Paulinenpflege Winnenden. Ein Beitrag zur Frühgeschichte der Diakonie in Württemberg.* Winnenden 1990.

Hermelink, Heinrich: *Geschichte der Evangelischen Kirche in Württemberg von der Reformation bis zur Gegenwart.* Tübingen 1949.

Hofacker, Ludwig: *Rede am Grabe der Frau Susanna Roser, geb. Braun, Gattin des Rothgerbermeisters und Lederhändlers Christoph Heinrich Roser, gehalten von ...* Stuttgart 1823.

-: *Am Grabe der verwittweten (!) Frau Dorothea Kurz, geb. Koch. ... Am Beerdigungstage, den 24. August 1823.* Stuttgart 1823 (= Hofacker 1823a).

-: *Rede am Grabe des Herrn Tuchscheerer-Obermeisters Johannes Lipp, gestorben den 10ten, beerdigt den 13. Junius 1824 ...* Stuttgart (1824).

-: *Dem Andenken des frühe verstorbenen Otto Heinrich Mann, geboren den 17. November 1807, gestorben den 28. Januar 1824.* Stuttgart 1824 (= Hofacker 1824a).

-: *Rede am Grabe des Herrn Joh. Georg Kaufmann, Hof-Musikus, geboren den 1. August 1762, gestorben den 26. Junius 1824 ...* Stuttgart (1824) (= Hofacker 1824b).

-: *Rede am Grabe des Christian Heinrich Becker, Schmiedmeister. Geboren den 5ten März 1791. Gestorben den 9ten Januar 1825.* Stuttgart (1825).

-: *Worte bei dem (!) Begräbniß der Seifensieder-Obermeisters Witwe Anna Maria Hummel, gestorben den 25. Februar 1825 im 82sten Lebens-Jahre ...* Stuttgart 1825 (= Hofacker 1825a).

-: *Christliche Betrachtungen, Gebete und Lieder für Sträflinge in Zucht-häusern, hg. v. M. Ludwig Hofacker, Pfarrer in Rielingshausen, 2. Aufl.* Tübingen 1840 (= Hofacker 1840a).

-: *Predigten für alle Sonn-, Fest- und Feiertage. 10. verb. Aufl.* Stuttgart 1845.

-: *Predigten für alle Sonn-, Fest- und Feiertage ... 17. Aufl., verm. um einen Anh. (8 Predigten)* Stuttgart 1854.

-: *Predigten für alle Sonn-, Fest- und Feiertage nebst einigen Buß- und Bettagspredigten und Grabreden ... 23. verm. Aufl. Ausg. letzter Hand (Erster Stereotypdruck).* Stuttgart 1859.

-: *Erbauungs- und Gebetbuch für alle Tage ... Aus den hinterlassenen Handschriften und aus den Predigten des sel. Verfassers.* Stuttgart 1869.

-: *Ein Schrei für Jesus. 365 Andachten.* Neuhausen-Stuttgart 1989.

-: *Predigten für alle Sonn- und Festtage. 52. Aufl., 2 Bde.* Neuhausen-Stuttgart 1998.

Hofacker, Wilhelm: *Bekenntniß und Vertheidigung. Erstes und zweites Wort gegen Dr. Chr. Märklins Schriften: »Darstellung und Kritik des modernen Pietismus« und »das Ketzergericht des Christenboten«.* Stuttgart 1839.

-: *Predigten für alle Sonn- und Festtage ... Mit dem Bildniß ... und Mit-theilungen über seinen Lebensgang von Prälat Kapff.* Stuttgart 1853.

Jäger, Theodor: *Ludwig Hofacker. Ein Herold des Evangeliums.* Stuttgart 1910.

Kirn, Hans-Martin: *Deutsche Spätaufklärung und Pietismus. Ihr Verhältnis im Rahmen kirchlich-bürgerlicher Reform bei Johann Ludwig Ewald (1748-1822) (= AGP 34),* Göttingen 1998.

Knapp, Albert: *Missionslieder für Israel. Gesammelt von ... Zum Gebrauche in Missionsstunden und Versammlungen, hg. v. dem Vereine von Freun-den Israels in Basel.* o. O. 1836.

-: *Leben von Ludwig Hofacker, ... mit Nachrichten über seine Familie und einer Auswahl aus seinen Briefen und Circularschreiben ...* Heidelberg 1852.

-: *Leben von Ludwig Hofacker. 3. verm. Aufl.* Heidelberg 1859.

Krummacher, Friedrich Wilhelm: *Eine Selbstbiographie. Mit dem Bildniß des Verfassers.* Berlin 1869.

Krummacher, Friedrich-Wilhelm (d.J.: *Gottfried Daniel Krummacher und die niederrheinische Erweckungsbewegung zu Anfang des 19. Jahrhunderts. (AKG 24).* Berlin u. Leipzig 1935.

Lehmann, Hartmut: *Pietismus und weltliche Obrigkeit in Württemberg vom 17. bis zum 20. Jahrhundert.* Stuttgart 1969.

-: *Endzeiterwartung und Auswanderung: Der württembergische Pietist Johann Michael Hahn und Amerika.* In: Hartmut Lehmann, *Alte und Neue Welt in wechselseitiger Sicht. Studien zu den transatlantischen Beziehungen im 19. und 20. Jahrhundert (= VMPIG 119).* Göttingen 1995, 185-204.

Meyer, Dietrich: *Zinzendorf und Herrnhut.* In: M. Brecht u.a. (Hg.), *Der Pietismus im achtzehnten Jahrhundert* (= Geschichte des Pietismus 2), Göttingen 1995, 3-106.

Müller, Gotthold: *Christian Gottlob Pregizer (1751-1824). Biographie und Nachlass.* Stuttgart 1962.

Müller, Karl: *Die religiöse Erweckung in Württemberg am Anfang des 19. Jahrhunderts.* Tübingen 1925.

Nachricht über die Entstehung des Kranken-Hauses zu Ludwigsburg ... Ludwigsburg (wohl 1836).

Nathusius, Martin von: *Ludwig Hofacker, ein deutscher Erweckungsprediger.* In: *Halte, was du hast. Zeitschrift für Pastoral-Theologie, hg. v. Eugen Sachsse,* 27. Jg. (1904), 23-31.

Nebe, August: *Charakterbilder der bedeutendsten Kanzelredner. Bd. 3.* o.O. 1879.

Niebergall, Alfred: *Die Geschichte der christlichen Predigt,* in: *Leit.* Bd. 2, Kassel 1954, 181-352, 323ff.

Pagel, Arno: *Ludwig Hofacker. Gottes Kraft in einem Schwachen. 5. Aufl.* Marburg/Lahn 1976.

Raupp, Werner: *Ludwig Hofacker und die schwäbische Erweckungspredigt.* Gießen 1989.

-: (Hg.): *Gelebter Glaube. Erfahrungen und Lebenszeugnisse aus unserem Land. Ein Lesebuch.* Metzingen/Württ. 1993.

-: *Christian Gottlob Barth. Studien zu Leben und Werk* (= QFWK 16). Stuttgart 1998.

Ritschl, Albrecht: *Geschichte des Pietismus.* 3 Bde., Nachdr. Berlin 1966.

Roeßle, Julius: *Ludwig Hofacker. Ein Lebensbild.* Gießen 1946.

-: *Von Bengel bis Blumhardt. Gestalten und Bilder aus der Geschichte des schwäbischen Pietismus.* Metzingen 1959.

Schäfer, Gerhard: *Ludwig Hofacker und die Erweckungsbewegung in*

Württemberg. In: *Bausteine zur geschichtlichen Landeskunde von Baden-Württemberg.* Stuttgart 1979, 357-379.

-: *Der württembergische Pietismus und die Brüdergemeine.* In: *Unitas fratrum*, H. 13 (1983), 45-64.

Scheffbuch, Rolf: *Ludwig Hofacker. Der Mann. Die Wirkung. Die Bewegung* (= Telos 5050). Neuhausen-Stuttgart 1988.

Schwarzmaier, Hansmartin (Hg.): *Handbuch der baden-württembergischen Geschichte. Dritter Band. Vom Ende des Alten Reiches bis zum Ende der Monarchie* (= Veröffentlichungen der Kommission für geschichtliche Landeskunde in Baden-Württemberg.). Stuttgart 1992.

Sigel, Christian (Hg.): *Das evangelische Württemberg. II. Hauptteil. Generalmagisterbuch. (Masch.).* o. O. 1931ff.

Traub, Friedrich: *Die Stiftsakten über Ludwig Hofacker.* In: *BWKG*, 33. Jg. (1929), S. 165-167.

Weller, Arnold: *Sozialgeschichte Südwestdeutschlands unter besonderer Berücksichtigung der sozialen und karitativen Arbeit vom späten Mittelalter bis zur Gegenwart.* Stuttgart 1979.

Wolf, Hanns-Martin: *Becks Christliche Reden. Die Auffassung evangelischer Predigt bei Johann Tobias Beck. (Arbeiten zur Theologie. R. II. 11).* Stuttgart 1967.

Zum Andenken an den vollendeten M. Carl Friedrich Hofacker, Stadtpfarrer und Amts-Dekan in Stuttgart, gestorben den 27. Dec. 1824, begraben den 30. Dec. 1824. Stuttgart (1824).

Zum Gedächtniß des Herrn M. Ludwig Hofacker, Pfarrer in Rielingshausen, geb. den 15. April 1798, gest. den 18. Nov. 1828. gesprochen bey seiner Beerdigung den 23. November 1828. Stuttgart (1828).

Ausgewählte Texte und Werke

im Ernst Franz Verlag, 72555 Metzingen

Friedrich Christoph Oetinger
Etwas Ganzes vom Evangelium

Friedrich Christoph Oetingers heilige Philosophie.
Ein Brevier in Verbindung mit Richard Haug ausgewählt und zusammengestellt von Guntram Spindler, Geleitwort Otto Betz.

XLII/486 Seiten,
Leinen DM 48,–

Philipp Matthäus Hahn
In Erwartung der Königsherrschaft Christi

Aus den Tagebüchern.
In Verbindung mit Gerhard Schäfer herausgegeben von Rudolf Paulus.

264 Seiten,
gebunden DM 26,–

Johann Christoph Blumhardt
Ausgewählte Schriften

Ausgewählt von Otto Bruder, neu herausgegeben und eingeleitet von Dr. Wolfgang J. Bittner.
Band 1: Schriftauslegung
Band 2: Verkündigung
Band 3: Seelsorge

Kassette in drei Bänden mit 1080 Seiten   DM 59,–

Gerhard Schäfer/
Wilhelm Horkel:
Gott hat mein Herz angerührt

Ein Bengel-Brevier.
176 Seiten,
gebunden DM 19,80